游行狂欢是迪士尼乐园的代表项目。照片捕捉下了被邀请参加迪士尼"Wish Vacation"游行活动的疑难病症患儿家庭的欢乐瞬间。

左 在迪士尼乐园的人流中，志愿者们齐心协力为疑难病症患儿及其家人引路。

右 患儿和父母脸上都洋溢着笑容。

除了游览主题公园外，"Wish Vacation"还包括在美发店给患儿一家做头发的活动项目。

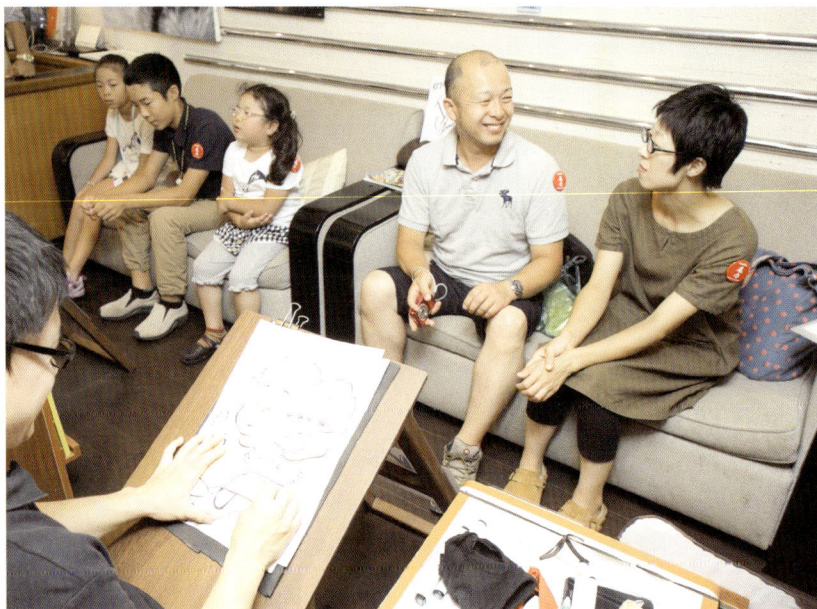

在 "Wish Vacation" 活动中，请画家给大家画家庭像。

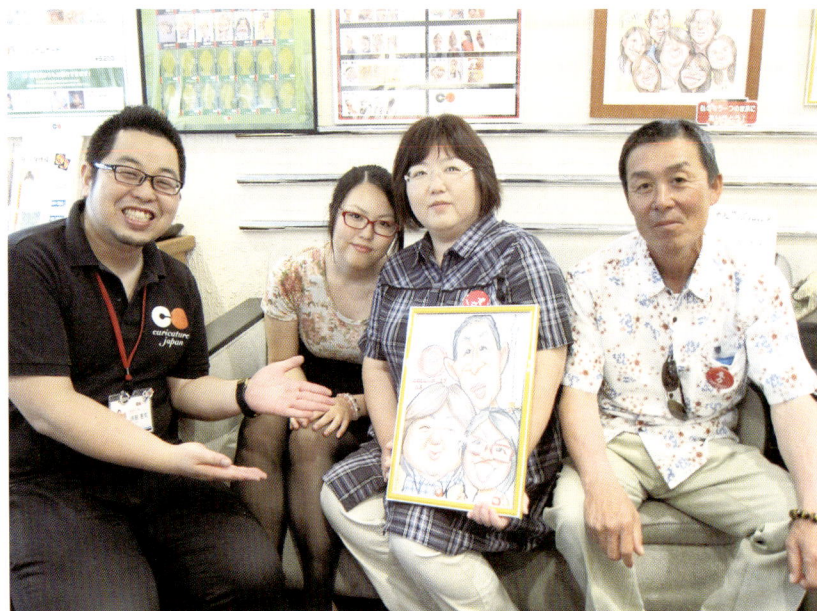

与完成的家庭画合影留念。

在美发店，患儿和妈妈一起做头发。

为了让患儿们开心，美发店有时会用气球来装饰店面。

一生の仕事が見つかる ディズニーの教え

服务的初心

〔日〕大住力 著

周征文 译

人民东方出版传媒
People's Oriental Publishing & Media
东方出版社
The Oriental Press

1

———

前言／致正在探寻自己的"使命"的人

　　如今，有越来越多的年轻人找不到"自己想做的事情"。大学生往往到了毕业前找工作时，才惊奇地发现自己根本没有想做的事情。在面试时被问到求职的志愿和动机时，往往无言以对。于是开始为了诸如"我到底适合什么样的工作"这样的问题而烦恼，甚至出于"能在面试时有故事可说"的目的，去印度或非洲等地进行"流浪者"一般的旅行。

　　还有的人，刚入职不久便认为"这不是自己想做的工作"，开始考虑跳槽；或是认为"这份工作无法实现自身价值"而失去工作热情，从而在工作岗位上得过且过，白白浪费五年乃至十年的时光。

　　有的年长者会指着这些年轻人嘲笑道"真没出息啊"！我现在 47 岁，从年龄上来看，应该属于年长者之列。不过，对于为了应付就职面试而踏上"流浪者之旅"的年轻人，我无法妄加嘲讽。因为我在学生时代，就曾是一名满世界转悠的背包客。

我当时的足迹不仅限于美国和欧洲，还到过南美洲、埃及和澳大利亚。一共去过20多个国家。

学生有的是时间，但却囊中羞涩。反之，当踏上社会开始工作之后，则会变得有钱但没时间。我当时的想法是"能在全世界流浪的机会只有现在了"，于是便踏上了旅途。

这也就是现在人们常说的"寻找自我"的旅途。有的人为了这样的旅途，甚至会去向父母或银行借旅费。

我的大学时代，正好是日本经济的泡沫繁荣期。当时的大学生会买奢侈品甚至是私家车，过得甚是潇洒。但是在那样的风潮中，一些大学生却感到与之格格不入，他们由于"这样很奇怪"、"我的容身之处在哪里"、"我想做的事情是什么"等问题而烦恼不已，有的人因此踏上了旅途。我便是其中之一。

我在周游世界的过程中邂逅了形形色色的人，甚至人身安全受到威胁，一度认为自己可能没法活着回日本了。要问这样惊险波折的经历对我自身是否有改变，说实话，我懵懵懂懂。但这一系列的经历让我明白了一个道理：自己是多么渺小、多么可悲。

而在日本的时候，我则打了许多零工。因为我想了解社会的各个层面。估算下来，我应该打过大约 50 份零工。但在此过程中，我并没有发现所谓"自己的天职"。

我真正找到自己想从事的事业，是将近 40 岁时的事了，也就是不久之前。说来实在惭愧。

如果要问我是如何找到自己真正想从事的事业的话，我在迪士尼学到的东西可以说起了很大的作用。

我大学毕业后，便入职于负责运营东京迪士尼乐园的 Oriental Land 公司（Oriental Land 是一家日本公司，负责经营、管理以东京迪士尼乐园、东京迪士尼海洋为中心的东京迪士尼度假区。——译者注）。在那里，我积累了各方面的工作经验——管理保洁员（负责清扫工作的员工）、制定人才培养计划、策划设计东京迪士尼海洋乐园及伊克斯皮儿莉购物中心商业设施（伊克斯皮儿莉购物中心坐落于东京迪士尼度假区，是一个巨大的购物、娱乐、餐饮中心。——译者注）。无论从事哪一种工作，都能接触到创始者华特·迪士尼的哲学理念，而这样的理念在迪士尼一直被传承着。

在迪士尼哲学理念的引导下，我终于找到了愿意为之奋斗一生的事业。

看到这里，不少读者也许会认为我所说的事业便是"在迪士尼乐园给予孩子们梦想"。

不过，这样的猜想与事实有点冲突。

因为我最后离开了迪士尼乐园。

现在的我，担任公益社团法人组织"照亮疑难病症患儿及其家庭的梦想"的代表一职。这是我辞去在迪士尼乐园的工作后，自己所创办的团体。

这一团体的主要活动内容是招待疑难病症患儿及其家人去迪士尼乐园等地游玩。

在日本，有大约 20 万名疑难病症患儿。而当问这些孩子"等你的病治好后，你想做什么"这个问题时，将近半数的孩子会回答"我想去迪士尼乐园看米老鼠"。

这些长期受病痛折磨的家庭，实在没有时间和精力去全家旅游。而作为疑难病症患者的孩子们，面对为了照顾自己而精疲力竭的父母，也实在难以提出"带我去迪士尼乐园玩吧"之类的要求。

可是，这些孩子和健康孩子一样，都非常喜欢迪士尼乐园。

所以我真心希望他们也能和健康孩子一样快乐。

看到这里，有的读者或许会认为“你是在从事援助疑难病症患儿的公益活动吧，真了不起”。

如果这么想的话，那就完全错了。

我认为，所谓“援助”，是我完全做不到的事情。因为我既无法治好他们的病，也无法对他们的生活提供援助。

我所能做的，顶多就是“打气”。

也就是当面对那些疑难病症患儿时，对他们说“你并不孤单”。

而当面对他们的家人时，对他们说“我们与你们同在”。

我每天东奔西走，仅仅为此。

就在我写这本书时，传来了一个振奋人心的消息——京东大学的山中伸弥教授获得了诺贝尔奖。山中教授所研究的“iPS 细胞〔iPS 细胞全称为‘induced pluripotent stem cells’（诱导多能干细胞），是将一些多能遗传基因导入皮肤等细胞中制造而成。让普通体细胞‘初始化’，使其具备干细胞功能。iPS 细胞除了不能生成胚胎以外，可以产生所有细胞，如果用于医疗，理论上可以治愈所有疾病——去除恶性组织，替换为重新生长的正常组织。——译者注〕"能够变换为各种各样的组织细胞，据说也可以应用于疑难病症的治疗。实际上，山中教授本人在研究工作之余，也会间歇性地与疑难病症患者进行交流。对于与目前还无有效治疗方式的疑难病症作斗争的患者而言，iPS 细胞给了他们希望的曙光。

山中教授得奖的消息让我感到由衷的高兴。与此同时，也给了我压力和动力，我再一次认识到，自己必须倾尽全力去履行自己的"使命"。

我写这本书，一方面是为了给那些正在探究"自己真正想做的事情是什么"的人们一点点参考；另一方面，对于想了解支撑迪士尼乐园优质服务的哲学理念的人士，希望也能通过本人的拙作而有所收获。

"自己真正想做的事情是什么"。探究这个问题，我觉得并非是年轻人的专利。哪怕在和我同年龄层的人当中，同样迷惘的人肯定也不少，他们明明知道眼前的工作不适合自己，却无法下定决心去改变。我希望这本书能成为一种"催化剂"，让有这种烦恼的人能够付诸行动、改变现状。

不过，我并非提倡"马上辞职，去做自己想做的事情"。鼓吹这么做实在是一种不负责任的行为，因为辞去工作这种事，的确不是闹着玩儿的。但当遇到能够审视自身、明确目标并脚踏实地付诸行动的人的时候，我建议为其加油鼓劲。这是可以从身边做起的第一步，而这样的行为，的确能让我们的社会变得更美好。

像我这样无所建树的人也有资格著书立论吗？这是我一直所纠结的问题。

不过，属于我的使命，只有我才能完成。

生来愚钝的我，在不惑之年后的因缘邂逅。这正是我想传达给各位读者的东西。

在追寻自我的人生旅途中徘徊了将近 40 年。每当想起这点，都会让我感到无地自容，但也正是由于如此不易地找到了自己愿意为之奋斗一生的事业，所以我可以挺起胸膛大声宣布：我为此无比自豪。

也有人即便好不容易找到了自己真正想从事的事业，却缺乏勇气和觉悟，迟迟无法付诸行动。我曾经亦是如此。付诸行动的难度，有时并不亚于找到自己想从事的事业的难度。

对于如此犹豫不决的人而言，我辞去工作、白手起家的经历，或许能起到一定的参考作用。

在我下定决心一路走来的过程中，我切身感受到周围人的帮助以及顾客的教诲在我生命中是多么的重要。

希望有越来越多的读者能在看完这本书后找到属于自身的使命，并迈出付诸行动的第一步。这对我而言，实在是无上的喜悦和荣幸。

大住力

CHAPTER 1

你的使命是什么？

Part 1

华特·迪士尼的理念遗产

作为众所周知的卡通形象——米老鼠的生父，华特·迪士尼和他哥哥洛伊·迪士尼一起创办了迪士尼卡通公司，孕育了一部又一部的优秀卡通作品，可谓是世人瞩目的天才。华特·迪士尼于 1955 年决定在位于洛杉矶近郊的阿纳海姆建立迪士尼乐园。

而在 28 年后，日本的东京迪士尼乐园也落成了。我当时就住在东京迪士尼乐园所在的千叶县浦安市。在它开业时，我完全没想到它日后会改变我的人生。

在迪士尼乐园，即便是临时工，也被切实灌输了迪士尼的理念并付诸实践。这是迪士尼乐园了不起的地方。我大学毕业、进入负责运营东京迪士尼乐园的 Oriental Land 公司工作后，切身地感受到了这一点。

入职后不久，我被分配到第一个实习培训岗位——"Character Corner（动漫角色专柜）"，即纪念品零售店。当时我被分配到的纪念品零售店位于"明日乐园"主题园区，其销售业绩在整个东京迪士尼乐园中高居第二位。

所谓员工的实习培训，就是让新员工体验迪士尼各个现场部门的工作内容，从而学习迪士尼乐园的运营方式和机制。

踏上"Character Corner"工作岗位的我，充满热情。因为这是踏入社会的第一份工作任务，我憋足了劲儿，跃跃欲试。

结果，我却把劲儿使错了地方。头一天上岗就犯了大错误。错误的起因，在于我自作聪明地改变了商品的陈列方式。

店的入口处原本陈列着大量印有米奇和米妮的钱包。其价格较为合算，但体积较小，且是塑料材质，背面印有"Tokyo Disneyland"的蓝色 Logo。我觉得这钱包的销路不会很好。

事实上不仅如此，许多钱包的拉链被游客拉开，里面塞着的填充垫也被翻了出来。店员光是整理好这些钱包就很费工夫。

这是对顾客而言最为显眼的陈列位置，要是摆点畅销的商品该多好。在零售业中，把商品陈列台"离地90厘米到130厘米高度之间"的部分称为"黄金区域"。我当时觉得，完全没必要让这种卖不掉的商品占据这么好的位置。

于是我撤下了这些钱包，换上了装上电池就会发光、比较有噱头的彩灯玩具。

不出我所料，换了位置的玩具销路很好，从而使得销售业绩增长。我个人对此非常得意。有一天，我当时的上司——Supervisor（监督者，卖场的负责人）在卖场问道："是谁变动了商品陈列？"

"是我做的！"

我充满自信地回答，心想：在实习培训阶段就如此积极主动的员工应该是前所未有的吧。

可是，上司却说："你根本没搞明白自己的工作内容啊。"

我居然被上司批评了，这完全出乎我意料。

这是为什么？明明是我换上的商品卖得更好啊。

上司见我满脸不服，于是问我："你的使命是什么？"

这个问题让我深受触动。

我的使命……

是什么呢？

我被分配到"Character Corner"这个工作岗位。我改变了商品的陈列方式，自以为做得很对。因为销售额确实增加了。

"不过却做错了。"

虽然"Character Corner"是纪念品零售店，但依然也是迪士尼乐园不可分割的一部分。因此，游客进店后首先映入眼帘的商品，必须能向游客传达这样的信号"欢迎光临！这里也是迪士尼乐园的一部分哦"。而发挥这种作用的，正是那印有米奇和米妮的"滞销商品"。

虽然它并非做工精致的商品，但却是非常典型的纪念品，能让人一下子联想到迪士尼乐园。

把销量最高的东西放在最显眼位置，这有违于迪士尼的理念。让游客一进店，首先能感受到"这里也是迪士尼乐园呢"，然后再去其他货架挑选自己中意的商品。通过这样的"情节安排"，让游客获得购物乐趣。这才是迪士尼的用心所在。

　　这种让游客能联想到迪士尼乐园的安排设计，其实遍布于园内的各个地方。比如长椅、卫生间和垃圾箱等，上面都印有米老鼠，其目的都是一样的。

　　我从一开始就没有弄清自身的使命，导致所做的一切与迪士尼的理念南辕北辙。

　　迪士尼乐园教导员工在工作时要不断思考"你的使命是什么（What is your mission）"这个问题。就像我在工作现场被批评的经历那样，这个问题经常被各阶层员工挂在嘴上。

　　而且，这个问题，即便在位于美国佛罗里达州的迪士尼总部研修指导手册上，也是写在最开头的重要内容。

　　对于我的人生而言，这个问题也是弥足珍贵的财富。我之所以能与自己真正想从事的事业邂逅，可以说也与之有着密切的关系。

　　所以，现在有人请我去演讲时，我经常把这个问题作为演讲开头的引子——"你的使命是什么"。

Part 2

"作业"与"工作"的差异

华特·迪士尼把广义上的工作分为两部分来看待——"Duty"和"Mission"。

这里的"Duty"被译作"作业","Mission"则被译作"工作"。

而"你的使命是什么"这个问题，所触及的是后半部分。

为什么这么说呢？

其实，在迪士尼乐园，所谓"作业"内容，是在指导手册上详尽写明的，因此它被定义为"无论是谁、在什么时间做，都能得到同样结果的事情"。

也就是说，所谓作业，就是理所应当完成的基本任务。绝对不能认为完成了作业就是完成了工作，要有更高层次的追求。

而这更高层次的追求，便是"工作"。只有完成了它，才算是在真正意义上"完成了工作"。在迪士尼乐园，即便对临时工而言，完成指导手册上注明的作业内容也仅是理所当然的基础而已，完成更高层次的"工作"才是对他们的终极要求。

而"工作"的内容，是没有写在指导手册上的。面对眼前的客人，如果不能时刻做到"想其所想、急其所急"并付诸行动的话，就不算是完成了工作。

另外，"你的使命是什么"这个问题，其内涵是沉重而严肃的。

如果问一名在迪士尼乐园工作的临时工"你的使命是什么"，他通常会回答"让游客获得由衷的愉悦体验，从而感受到幸福"。可是，当该临时工辞职后从事其他工作时，他的使命不也就相应地变化了吗？

因此，我认为，除了这种短期使命之外，还有一种"人生使命"的概念存在。而"人生使命"，是一个人"活着的意义"，能否找寻到它，是人一生的关键所在。

回想起来，我之前一直在找寻自己的"人生使命"。

学生时代，我像流浪者一般满世界转悠。在日本国内，我打过大约 50 份零工。我当时之所以这么做，如今我才恍然大悟——是为了找寻自己的容身之处、自己应该做的事情。

所以，当刚踏入社会时，被人问到"你的使命是什么"这个问题时，我才会如此受到触动。

而华特·迪士尼能把这关乎"使命"的问题看得如此透彻，实在让我佩服不已。他是个非常具有独创性的人，光是从他所创造的米老鼠等独特的卡通人物上，就能反映出其与众不同的才华。不过，他创造的这些卡通人物之所以能被世界各地的人们所喜爱，他的哥哥洛伊·迪士尼可谓功不可没。洛伊为了能让华特专心于创作，全力操持着公司的财务及管理工作。

华特和洛伊，如果不是他们各自履行着自身的使命，迪士尼这个魔法王国就不会诞生。

不过说到使命，并非局限于像迪士尼兄弟这样的大人物，在我们身边同样有许多活生生的例子——没有自来水厂供水，我们就无水可用；没有收垃圾的清洁工，整个城市就会被垃圾淹没。

可是，如果没有水产零售摊贩，人们还可以去超市买到鱼。那水产零售摊贩的使命又是什么呢？

　　向顾客提供"只此一家"的新鲜鱼类,或者向前来光顾的顾客推荐每种水产品的具体烹饪方法,这便是其使命所在。可以说,因为不清楚自己适合什么工作而在求职活动中一筹莫展的学生,找不到自身使命的水产零售摊贩,这两者的境遇,从本质上来说是一样的。

Part 3

探寻活着的意义

那么，疑难病症患儿的使命又是什么呢？

这是个无法用三言两语回答的问题。

所谓疑难病症，是指目前还不知道病因及有效治疗方法的疾病。而对患者而言，则是不知道何时才能摆脱病魔折磨的病痛。因此几乎所有的疑难病症患儿，每一天的大多数时间都在病床上与病魔作斗争。

如果是先天性疑难病症的患儿，那么这种"打出生起几乎就没怎么下过床"的生活，对他们来说是常态。

对于一个身体健康的人而言，在学校或公园和朋友尽情玩耍，可以说是理所当然的事情。但请大家想象一下：对于疑难病症患儿们而言，每天的生活几乎都是在室内度过，而且要么形单影只，要么只有家人陪伴。

每天看着同样的天花板，在挂着同样窗帘的房间里，每天在同样的时间段接受体温检测和问诊，与社会几乎没有什么接触。对有的患儿来说，甚至连上学都是奢望。

即便症状得以控制，能够生活自理了，他们也不得不在余生中怀着不知何时会复发的不安。

生活在如此不安之中的他们，要怎样才能树立自信并找到自己活着的意义呢？

这一点对于支撑着患儿们的家人而言亦是如此。由于要一刻不离地照顾自己的孩子，所以连外出都成了奢侈。特别是患儿的母亲，她们几乎把所有时间都花在照顾自己的孩子上，每天不是在家里，就是在医院。打扮也好、娱乐也好，几乎没有这样的时间和闲心。

与病魔作斗争的孩子们，还有他们的家人。很显然，对他们而言，根本没有什么闲情去思考自己的使命是什么。

不过，在我看来，这些孩子们也好，他们的家人也好，都有着属于自身的明确使命。在每天与病魔的殊死搏斗中，他们不断体会到何为"真正重要的东西"。

而这"真正重要的东西"，对于社会上的其他成员而言，我觉得也有很大意义。在与他们接触的过程中，我领悟到了这个道理。

说到"疑难病症患儿",很多人的第一反应就是"可怜的弱势群体"。而媒体在做相关报道时,有时也会有类似倾向。

这完全是大错特错。

我所邂逅的与病魔作斗争的孩子们,根本不是什么所谓的"可怜的弱势群体"。

每次与他们的接触,都能让我和其他工作人员领悟到各种道理,并且受到鼓舞。我深切地体会到:每个人都在出色地履行着自己的使命。

2011年3月11日,在那场史无前例的大地震发生的日子,我记起有一户通过活动而相识的疑难病症患儿家庭就住在受灾地区。尝试了几个月后,我终于联系上了他们。经过询问,得知他们全家平安,但房子被地震所引发的海啸冲走了。

"谢天谢地,你们全家平安。可是,我们组织既没什么钱,也没能力为你们做些什么,实在很抱歉⋯⋯"

我在电话里垂头丧气地这么说了一通,结果话筒另一头传来了这样的回答。

"您说什么呢!?我们只是这个地球上微不足道的一个普通四口之家,却有人这么大老远担心我们、挂念我们,这对我们来说,实在太值得感恩了!"

　　顿时，我流下了眼泪。那一刻，我想说："像这样为你们打气，就是我们的使命!"然而我却泣不成声，不能言语。

　　我觉得，这番话让我明白了一个道理：最重要的并非金钱和物质。

Part 4

大家各自的使命

"照亮疑难病症患儿及其家庭的梦想"这个慈善活动有一个借鉴的榜样，那就是美国的"Give Kids The World"（给予孩子全世界）组织。位于美国佛罗里达州的"Give Kids The World"是个非营利性质的度假社区，依靠 2000 名志愿者来运作。

该组织会邀请全世界的疑难病症患儿家庭（通常时间会选在该患儿生日的几天前）来该度假社区度过一周的时光。在这一周内，还会带患儿全家去附近的迪士尼乐园或环球影城（环球影城，是一个集电影、电视拍摄片场为一体的主题公园，由环球影业公司创办，类似于迪士尼乐园。其在全世界也有多个公园，如洛杉矶环球影城、新加坡环球影城和日本环球影城等。——译者注）游玩，并带他们参加在度假社区内所举办的集体生日派对。

我去过佛罗里达的"Give Kids The World"许多次，在那里操着蹩脚的英语从事志愿者工作。在那里工作的志愿者可谓各式各样。

有一位名叫福利斯特的86岁高龄的老大爷，也许是年事已高的缘故，他步履蹒跚、手脚哆嗦，几乎没法从事什么具体工作。不过，他吹奏布鲁斯口琴的技术可谓天下一流。当患儿家庭围着餐桌用餐时，他要是吹上一曲《生日歌》，那大家都会心花怒放。因此，虽然腿脚不便，但在大家眼里，他是位英雄。

换作其他组织或企业，也许会把这位老大爷看作是没用的人而劝退。然而，在"Give Kids The World"，他履行着属于自己的使命。

还有一位患有唐氏综合征（唐氏综合征，英文为"Down syndrome"，又名"先天愚型"，其包含一系列的遗传病，会导致学习障碍、智力障碍等情况。——译者注）的30多岁男志愿者，他手肘以下的部位是完全无法动弹的，不过却从事着把食堂的餐盘搬到厨房的工作。他的力气非常大，一次能够搬几十个餐盘。他搬运餐盘时完全只能依靠手肘的弯曲。虽然他只能做到这样，但却十分出色地履行着自己的使命。

而尤其让我印象深刻的是一位名叫尼克的 85 岁高龄的老大爷。随着我去 "Give Kids The World" 从事志愿者工作的次数增加，我们渐渐成了朋友，他会亲切地称呼我为 "力（riki）"。我把计划创立 "Give Kids The World" 组织 "日本版" 的想法告诉他后，每次见面，他都会问我："（计划）还没实现吗？"

尼克总是用铁板为孩子们和他们的家人烤华夫饼，已经持续了 17 年。老爷子很古板，哪怕对有病在身的孩子们也不会溺爱娇惯。如果有孩子对他说 "老爷爷，给我一块华夫饼"，那他肯定会生气地说教："小鬼头怎么说话呢？要说'请'！" 如果有孩子对他说 "给我一块原味的，一块巧克力味的"，他肯定会吹胡子瞪眼："一次要两块是不行的，一次只能要一种，不准剩下，要全部吃光！"

有一次，当我觉得在日本筹办慈善组织的计划有点眉目时，我又去了 "Give Kids The World"，并对尼克说 "下次来日本玩哦"。可他的回答却出乎我的意料："我没法去日本的"。我问他为什么，他说自己在二战时当过轰炸机飞行员。

"我曾经把一枚枚炸弹投到日本，东京当时一片火海。我不知道害死了多少日本平民，也不知道让多少日本平民遭受了不幸，我没脸去日本，我会一直在这里工作。"

人生在世，谁没有后悔过，有时甚至会做出无法挽回的事，而时间是不会倒流的。即便如此，每个人也都有属于自身的使命。

只要不断追寻，
就一定能够发现

很多人都希望找到能够为之奋斗一生的事业。

大学应届毕业生的就业率每年都在下降，有的人为了躲避就业，不惜留级一年。另一方面，有的人刚入职不久，就以"这不是我想做的工作"为由，早早辞职。

用"对工作挑三拣四""没有毅力"等观点来批评这些年轻人，自然是"轻松而痛快"。

我承认，这样的观点确实触及了一些本质，如今的年轻人确实有"草莓族"的倾向——脆弱而敏感。

但是，成功找到属于自己的使命，本身就不是一件容易的事。

这是人一生中的关键课题，必须要以严肃和努力的态度去面对。

而对那些刚入职不久便辞职的人而言，有个问题必须认真思考。

这个问题就是"在公司里工作时，我是否在努力找寻属于自身的使命"。

如果答案是否定的，并且连公司分配给自己的"作业"都还没能够顺利完成的话，那就是自己的不对了。按照迪士尼的理念，员工即便完成了自己的"作业"，也不能说是完成了"工作"。

对于刚入职的人，公司的要求是先掌握作业内容和技能。作业有时是单调而枯燥的。于是有的新人可能就会有想法：我可不是为了做这种事情而进这个公司的。

但只要能够认识到"作业"与"工作"是两个层次的概念的话，就不会因为作业内容枯燥而灰心丧气地误认为"这不是我想做的工作"了。

关键在于自己能履行什么样的使命。

我在踏上社会并入职后，从事过各种各样的工作。先是管理负责园内清扫的保洁部门和培训员工，之后从零开始参与筹划并建设了东京迪士尼海洋乐园和伊克斯皮儿莉购物中心等设施项目。

不管做什么工作，都要扪心自问"你的使命是什么"。比如，在研究拟订新主题公园的计划时，思考"如何能给游客带来惊喜并使其获得愉悦体验"便是我的使命所在。

然而，至于必须赌上自己的人生去履行的终极使命，我却在很长一段时间内没能找到。

当时的我工作繁忙，非常充实。

确实，在公司内，有时会发生意见冲突和纠葛。但作为在一个组织内工作的一分子，这是无法回避的现实。

或许有些人会这样随遇而安地顺其自然，认为"这大概就是自己的命吧"。

但我却没有。一个偶然的契机，让我惊觉：自己对于在组织中所履行的使命并不满意。

我在 Oriental Land 公司工作十多年后，偶然间看到了NHK 电视台播放的一部纪录片。这成为了我人生的契机。

纪录片的片名叫作《治愈心灵的魔法国度——这一切都源于一个人的善意》，讲的是美国的"Give Kids The World"组织创始人——亨利·蓝德沃斯（Henri Landwirth）的故事。

亨利在少年时代被关押于纳粹集中营，战后身无分文地只身一人来到了美国。他从纽约一家宾馆的门童做起，一直发迹为拥有数家酒店的"酒店业之王"。这完全就是美国梦的典型代表。

可是有一天，亨利却把拥有的酒店全部卖掉了。促使他这么做的契机只是一通电话。

电话是一位女士打来的，她说自己身患重病的孩子刚刚死去，所以要取消预订的房间。原本是想带自己的孩子来佛罗里达度假的，但现在无法实现了。

"我的孩子一直很期待去迪士尼乐园看米老鼠。"

当亨利听到她的这句话时，脑子一下子就蒙了："我这么多年辛苦工作，究竟是为了什么呢……"

亨利认识到，与病魔作斗争的孩子所承受的不安，和自己在纳粹集中营惶惶不可终日的感受是多么的类似，死神的铡刀悬在头上，不知何时就会落下。于是他想：自己能否为这样的孩子做些什么？

之后，他便全身心地投入到了"Give Kids The World"的筹建工作中。可以说，就是这一通电话，让他知道了自己的使命是什么。

之后，我在去佛罗里达出差时，特意去了趟"Give Kids The World"，并见了亨利。这便是我如今从事"照亮疑难病症患儿及其家庭的梦想"慈善活动的契机。

我觉得正因为我一直没有停止思考"自己的使命是什么"这个问题，才能够在契机到来时紧紧抓住。

因此，对于还没有找到自己想从事的事业的人，我希望他们绝不放弃，坚持追寻，答案终会出现。

CHAPTER 2

只有你所亲近的人才能
告诉你什么是重要的东西

Part 1

认真的人让人感动

Oriental Land 公司的实习培训非常充实。我入职后花了半年时间体验迪士尼乐园三个主要部门的工作内容。这三个部门分别是负责游乐设施的运营部、负责销售纪念品等商品的商品部，以及负责餐厅等餐饮场所的餐饮部。

在为期六个月的实习培训结束后，公司会决定我的正式岗位。

当正式结果发表时，场内播放歌曲《当你对着星星许愿（When You Wish Upon a Star）》作为背景音乐。

当你对着星星许愿

不管你是谁

你真心期望的一切

都会来到你身边

对于充满希望和憧憬的新员工而言，没有比这首歌再合适的了。《当你对着星星许愿》是电影《匹诺曹》中的插曲。钟表匠杰佩托老爷爷造出了木偶匹诺曹。膝下无子的杰佩托老爷爷向星星许愿，希望匹诺曹能成为自己的孩子。就在人们都已入眠的寂静深夜，一位仙子实现了杰佩托老爷爷的愿望。

获得生命的匹诺曹克服万难，不断成长。终于成了一个真正的人。因此，在宣布正式岗位时播放这首歌曲，或许包含希望新员工像匹诺曹那样不断成长的寓意。

电影中演唱这首歌的是一只在各地旅行的蟋蟀——吉姆尼·克里克特。在剧中，当杰佩托老爷爷在对着星星许愿时，它正好路过。由于匹诺曹没有心，无法分辨对错和善恶，吉姆尼作为匹诺曹的良心，帮助匹诺曹成为真正的人。也许正是借用了这个情节，在迪士尼乐园，所有负责培训新员工的"教练员"都佩戴着印有吉姆尼·克里克特的徽章。

言归正传，在实习培训结束后，我被分配到了"综合服务部保洁科"。去过迪士尼乐园的人可能有印象，那些在园内拿着扫帚和簸箕打扫的人便是保洁人员。

而负责培训我这个新人的"教练员",他的形象让人完全没法联想到那个小巧精悍的吉姆尼,而是一个虎背熊腰、满脸凶相的男人。

我在这里姑且称他为"熊哥"。

据说熊哥不光是形象可怕,以前还真的是飞车党的老大。

他右拳的一块骨头是凹下去的,当我问他原因时,他说曾经是飞车党的时候,被防暴警察挡住去路而受的伤。那时候每年春节他都要和小弟们一起骑着摩托车去富士山狂飙,而那里肯定会有防暴警察驻守拦截。

熊哥严格地训练了我,并让我学到了许多重要的东西。

记得他头一句对我的教导是"你要给我不停地走动、不停地清扫"。

我按照他的命令,不断在园内进行清扫。可当时我并不明白这有何意义。

于是我问熊哥:"为什么不让我做一些更有意义的工作呢?"

结果他答道:"客人会因为你的认真而感动。"

迪士尼乐园之所以游客络绎不绝，其原因并不仅仅是人见人爱的米老鼠及超棒的游乐设施，还有一个重要原因是：这里的工作人员都表现努力、兢兢业业。

所以当小孩子对工作人员说"我想上洗手间"时，工作人员会拉着孩子的手带路。当看到别人如此认真对待自己或自己身边的人，人们自然会感动，并对其亲近及关注。这是人之常情。

由此我懂得了熊哥话里的道理，表现出认真的态度便是意义所在。

Part 2

园内地面没有垃圾的原因

熊哥让我学到的东西，还有很多很多。

比如，为什么迪士尼乐园的地面上没有垃圾？

据说根据人类的行为心理学分析，人们有耐心拿着垃圾走动的距离是 15 米左右。如果超过这个距离，人们就会倾向于随手一扔了。所以，在迪士尼乐园，两个垃圾箱之间的间隔距离被设定为 30 米左右。这样一来，想扔垃圾的人最多只要步行 15 米就能走到离自己最近的垃圾箱。

不过，园内地面上没有垃圾的原因并非仅限于此。事实上，保洁员的存在使得游客随手乱扔垃圾的现象得到了抑制。看到保洁员认真清扫的情景，游客就会从心底里打消随地乱扔垃圾的念头。因此游客能够做到拿着垃圾到垃圾箱再扔掉。

而且，游客通过自身做到的这种不随地乱扔垃圾的行为，会心生一种"我真是个有素质的人"的自我认同感。对自身的品行和素质给予肯定评价，是一种能够给予自身幸福感的行为。因此可以说，迪士尼乐园有着一整套体系，它使得园内的人们都能获得幸福感。

"能否给予游客幸福感，取决于你的工作态度是否认真！"

熊哥的这句话让我体会到了"工作"这个词远远比我想象的要高深得多。

熊哥一直不参加升职考试，至今仍然奋斗在基层第一线，因为他热爱游客。我觉得迪士尼乐园的优质服务之所以能够实现，正是因为有无数像熊哥这样兢兢业业的基层员工的贡献。

既然说到这里，那就请允许我再讲一个有关东京迪士尼乐园"功臣"的故事。

走进东京迪士尼乐园的正门入口，一座华特·迪士尼和米老鼠牵着手的铜像便会映入眼帘。而铜像脚下的铭牌上，则刻着这样的文字：

让一个广场，永远响彻人间赞歌，我们基于这样的目标建造了这座东京迪士尼乐园。我们衷心希望，来自全世界的朋友们能够在这里齐聚一堂，日复一日……

这是东京迪士尼乐园开园时，时任 Oriental Land 公司社长的高桥政知先生所说的话。我非常喜欢这段话。

高桥先生在 Oriental Land 公司成立不久后进入公司任职。为了使公司与浦安渔民之间的"渔业补偿交涉"能够顺利进行，他一家家地拜访当地渔民人家，与渔民们促膝长谈，有时还举杯共饮。由于建设东京迪士尼乐园需要进行大规模的围海填土，因此必须对渔民们进行生活补偿。而当时的高桥先生便肩负着与渔民交涉的艰巨工作。

之后成为社长的高桥先生，又通过与华特·迪士尼公司的艰难交涉，使得世界上首个在美国本土之外的迪士尼乐园得以成功开园。

他真可谓是东京迪士尼乐园得以建立的最大功臣。高桥先生为了迪士尼乐园呕心沥血，有时还不惜投入个人财产，因此我打心里尊敬他。而刻在铭牌上的话，也体现了他的"认真"。

我在 Oriental Land 公司工作时，高桥先生对我而言可谓是"神一般的存在"。我只得到过一次有幸和他交谈的机会。我记得当时他有力地握着我的手。而如今的我在从事"照亮疑难病症患儿及其家庭的梦想"的慈善活动时，会时刻提醒自己要像高桥先生那样以"认真"的态度对待工作。

所以说，在迪士尼乐园，有不少教给我宝贵道理、给予我精神财富的优秀前辈。虽然学生时代周游世界的经历让我曾误以为自己见识广博，但事实上我还是懵懂无知。

Part 3

"脱离现实的世界"
便是 "理想世界"

当我在学生时代周游世界时，在佛罗里达逗留的时候顺便去了趟迪士尼乐园。我在园内拍了一张照片，照片上是一位父亲让自己的孩子骑在脖子上的背影。当时很少有家长会在大庭广众下让孩子骑在自己脖子上，所以我虽然和这位父亲素不相识，但打心里觉得他真酷。

当时我连做梦都没想过将来会在 Oriental Land 公司任职，不过我对迪士尼乐园的钦佩之情已经萌芽——人们在这里会自然而然地这么做呢。

华特·迪士尼一直希望让迪士尼乐园成为父母和孩子能够同乐的地方。而他的愿望也的确得到了实现。

能来游乐园，对孩子而言当然是开心的事。这原本就是游乐园存在的初衷。但华特·迪士尼却不满足于建造"游乐园"，而是想打造一座让大人们也能真正乐在其中的"主题公园"。大人们不再是为了陪着孩子而略显无奈地来游玩，而是怀着发自内心的兴奋与期待。这便是迪士尼的理念。

我入职 Oriental Land 公司后，就把这张照片放在自己的写字台上。虽然照片里的人与我素不相识，但这位父亲与孩子其乐融融的景象，能够让我获得激励：我也要亲手建立能够让大人和孩子同乐的设施。

经常有人把迪士尼乐园称作"脱离现实的世界"。在我看来，迪士尼乐园也是人们在现实生活中渐渐忘却的"理想世界"。

华特·迪士尼当时认为：人与人之间面对面的交流逐渐减少，是一个值得重视的问题。因此他打算把迪士尼乐园打造为能够让人们面对面交流的场所。

员工主动和客人交流自然是理所应当，但迪士尼不满足于此，他认为必须营造使客人能够主动和员工交流的氛围和环境。"在什么地方有什么样的游乐设施？""游行狂欢几点开始？"要怎么做才能让客人能够非常乐意地向员工询问这些问题呢？

安排一大堆负责向导工作的人员就能解决这个问题吗？不，这样会破坏园内的气氛。而真正能解决这个问题的人，则正是保洁人员。不停地在园内打扫的大哥哥和大姐姐们，对于孩子而言，也是较为容易接近的人。

世界上首个迪士尼乐园于 1955 年在洛杉矶建成，与当时相比，如今随着手机和因特网的普及，人们面对面交流的机会更加少了。

可以想象一下与迪士尼乐园仅一步之遥的现实世界是怎样的。如果一个孩子在路上说想上洗手间，会带孩子去的路人能有几个？顶多会告诉孩子"往前走，然后右拐，就能看到洗手间了"。

而就算有路人表示愿意亲自带孩子去洗手间，又有几个家长放心让自己的孩子跟着陌生人走呢？

不随地乱扔垃圾，亲切对待素不相识的人，这都是大家"理想中"的社会图景。但在现实中，这些都是很难实现的。

迪士尼乐园之所以给人以"脱离现实的世界"这样的印象，不仅仅是因为有米老鼠等卡通人物和各种有趣的游乐设施，园内员工所营造出的理想社会景象也是重要因素。

那让我们来思考一下，何为理想社会。

我觉得其本质是"安心"。华特·迪士尼也曾说过"安心是最能让人产生幸福感的情绪因素"。

我在被分配到保洁科工作之后，第一次被调动到的部门是"主题公园研究部"。这是研究筹划继迪士尼乐园之后的新主题公园的部门。

当时对于新主题公园的设计方案还没有敲定，因此公司派我去考察体验国内外的主题公园等集客设施。此外，我还研究了人们对于怎样的事物、在怎样的时机会产生"有趣"的感受。我把所有的相关心得都整理成了报告。而其中最让我感兴趣的，则是"超级浴场（日本公共浴场的一种，规模及收费标准要比普通公共浴场高。——译者注）"和"星巴克咖啡（星巴克是美国的一家连锁咖啡公司，于 1971 年成立，是全球最大的咖啡连锁店。——译者注）"。

为什么"超级浴场"能让客人们心情愉悦呢？打个比方，当你走在街上时，可能会看到有人挎着爱马仕的包，有人开着保时捷的车。于是你会在无意识的情况下产生艳羡之情，到最后则会产生"为富不仁，为仁不富"之类的负面想法。这种把自己与他人进行比较的情绪，无法让自己保持平静和谐的心态。

而在"超级浴场"，所有的客人都是一丝不挂，都是相互平等的。这种情景安排能够诱发人们的安心感。

而给人感觉"小资"的星巴克亦是如此。星巴克的咖啡定价比其他同类的连锁店略高。不过一杯咖啡或饮料也就 300~400 日元，能以这样的价格坐在装潢精致的店内喝着咖啡并悠然小憩。可以说，星巴克通过这种给所有客人提供平等的"精美空间"方式，使得客人能够感到安心。

Part 4

安心正是幸福的源泉

"安心"是幸福感、趣味感和愉悦感的源泉。这个发现，让我在现在的慈善活动中亦受益无穷。

对于疑难病症患儿及其家人而言，每天的生活很难用"安心"来形容。是什么让他们每日惴惴不安？孩子的病症当然是因素之一，而这点不是马上就能解决的。事实上，还有其他因素导致他们的不安，但只要大家合力，它是可以消除的。

这个因素便是"孤立"。我甚至认为：孤立才是让他们不安的最主要因素。

由于要和病魔作斗争而无法经常出门去和社会接触。由此导致的"害怕被社会孤立"的不安，不但折磨着患儿，也折磨着其父母。

为了让他们得以安心，必须有人对他们伸出手，让他们体会到"自己也是社会的一员"。

因此，作为"照亮疑难病症患儿及其家庭的梦想"的活动内容，我们设置了名为"Wish Vacation（愿望假期）"的制度。该制度的内容是招待疑难病症患儿及其家人进行度假活动，让他们在宾馆住宿数日，期间花一天时间带他们去迪士尼乐园或日本环球影城等主题公园游玩。现在这项活动每个月举办数次。

该制度的初衷当然是为了让平时难以出行游玩的这些家庭能够尽情地在迪士尼乐园等地放松身心、体验快乐，但并不仅限于此。我们的另一个目的是，通过这样的度假活动，提供一个让社会其他成员与他们面对面交流的机会。

因此我们把在迪士尼乐园内的陪同工作交给志愿者。有的陪同负责人听说我们组织方不会陪同进入园内后，会显露出惊讶："呃？就光让志愿者全权负责陪同工作吗？"他们似乎是出于"如果患儿出现了意外，那该怎么办"之类的考量而担心（当然，我们组织方会在迪士尼乐园旁待命，以保证在出现突发情况时能够立刻赶到患儿身边）。

我认为这样的组织安排正是活动能够顺利开展的关键所在。因为志愿者们在园内会一边不断和患儿及其家人交流，一边齐心协力、认真仔细地完成陪同工作。对于患儿一家而言，没有比这更让人开心的了。

这些志愿者，其实都是各企业派遣来的员工。说到底，参与"Wish Vacation"的志愿者活动，其实是"企业研修计划"的一部分。接受该研修培训的员工能够获得与疑难病症患儿及其家人面对面交流的体验，包括在迪士尼乐园等地陪同他们游玩。我们组织方会向企业收取研修费用，而这笔钱作为招待疑难病症患儿及其家人的经费。

如果日本的"慈善捐献文化"像美国那么成熟，税制方面也能像美国那样有所减免优待的话，或许我们就不需要导入这种"企业研修计划"的体系了。事实上，美国的"Give Kids The World"慈善组织的运作资金全部来自于慈善捐献。

而在日本，如果一个慈善组织要仅靠捐献或政府补助来持续运作的话，是非常困难的。

当然，有许多爱心人士对我们的组织团体慷慨解囊。在经济不太景气的大环境下，我们深切感受到他们"想尽一份力"的心意，对此我表示衷心感谢。我一直督促自己，必须要把爱心人士们的这份心意传达给那些疑难病症患儿及其家人。

然而，如果仅仅依靠这样的捐助，每月招待多个家庭来参加活动的计划是难以维持长久的，因此我们导入了上述计划。出乎意料的是，该计划成效显著。

　　虽然来参加研修的各企业员工在当志愿者方面完全是新手，但他们积极开动脑筋，态度认真地参与其中。这对于那些疑难病症患儿家庭而言，是非常欣喜的。因为他们能从"自己并没有被孤立"的安心感中获得幸福。

越是眼前的越值得珍惜

而参与其中的志愿者也收获了巨大的成果。

例如，制药公司的员工通过参加 "Wish Vacation" 研修活动，面对面接触到了 "患者"，这是平日工作中没有的机会。而其他行业的人亦是如此，他们之前只是通过媒体了解这些与病魔作斗争的家庭，而与其直接交流后，他们异口同声地承认自己的认知发生了改变，学会了在平日工作中以不同的角度看问题。正可谓是切身体会到了 "现实与想象的差距"。

参加 "Wish Vacation" 研修活动的人，几乎都没有当过志愿者的经验。年龄则是老中青混杂，有刚进公司不久的职场新人，也有经验丰富的资深员工。其中想必也有觉得自身才能被组织埋没而丧失工作热情的人，或者不知道是否该继续目前的工作而感到迷惘的人。这些人在参加研修活动时，即便感到生疏，也会全力以赴地做好迪士尼乐园等地的园内陪同工作。

疑难病症患儿在日常生活中，不得不时刻直面"生命"。与参加研修活动的那些长辈们相比，或许这些孩子们对生命的态度要更加严肃与认真。因此通过与这些孩子及其家人的接触，研修活动的参加者们能够真正体会到活着的意义。

另一方面，对于那些孩子及其家人而言，他们融入了社会，并发挥了作用。换言之，他们切实感受到了自己的"使命"。

我们目前主要在东京和大阪开展"Wish Vacation"活动，在东京，主要带孩子及其家人们去迪士尼乐园和浅草等地游玩；在大阪，主要带他们去日本环球影城和南港等地游玩。我们今后会探讨在其他地区开展"Wish Vacation"活动的可能性。

由于"安心"是一种肉眼无法看到的心理感受，因此如果在"理所当然"的情况下，是很难察觉其价值的。而当家人患上重病时，则会切身感受到这种由"安心"所带来的幸福感。

通过"Wish Vacation"活动，我结识的一位住在屋久岛的母亲曾经对我说："我体会到了。越是眼前的东西，越值得珍惜。"

这句话让我茅塞顿开。

越是眼前的，越值得珍惜。但是普通人在平常无法体会这个道理。

空气和水对我们而言是弥足珍贵的资源，但是平时没人会在意它们。大家都认为能够享用它们是理所当然的事。

如果空气和水变成难以获得的稀缺资源的话，人们才能体会到它们的珍贵吧。而事实也是如此，每当发生公害而导致空气或水源被污染时，人们都会认识到它们的价值。

同理，孩子的疾病也让家人们体会到了亲情的珍贵。

这位母亲说，之前她平时关注的事情无怪乎"哪个超市的鸡蛋便宜""最新的时尚潮流是什么"等等。但当孩子患病后，她体会到了什么才是比这些更为重要的。如果孩子没有患病，她可能一直无法明白这个道理。

每当有人请我做演讲时，我一定会把这位母亲所说的话介绍给大家。

应该珍视的东西，其实就在你面前，这对任何人而言都是一样的。但这个道理在平时往往被人们所忽视。

　　我认为，一个人一旦明白了这个道理，这个人的人生意义也会发生变化。

　　我之所以坚持开展这样的慈善活动，其目的之一便是希望能让越来越多的人体会到这个道理。

CHAPTER 3
工作是客人所赋予的

Part 1

明白生命是有限的

　　有一件事，成为了我重新审视自己的工作方式和生活方式的契机。

　　如果没有发生这件事，我就不会认真思考"找寻自己为之奋斗一生的使命"之类的问题，也许只会茫然地继续着上班族的生活。

　　而我所说的契机，是一场重病。

　　当时的我从属于开发事业部，负责大型购物中心及宾馆等设施的项目企划工作。

　　工作内容非常具有挑战性，需要去美国和华特·迪士尼公司的人进行磋商，还要考察各种设施，我觉得自己的工作非常有价值。

　　当时我非常忙，常常要通宵工作。当时的我以为：要是没有我，该项目就无法运转了。

可就在那时候，我的体检报告显示我的胸部有阴影。当时我刚迈入而立之年。

可当时的我对自己的疾病并没有想太多，只是想当然地认为"需要切除什么的话，切了不就得了"。

比起身体，我更重视工作。一有机会，我就用医院的公用电话给公司打电话，确认项目的进度情况，并作出指示。

可是，当两个多月后出院复职，我发现先前所负责的项目已经在我不知情的情况下推进了很多。宾馆的设计也和我当初主张的提案不同了。

那时候，我第一次切身体会到"所谓组织，就是以这种方式运作的"。之前我居然真的会相信"这些项目之所以能够实现，完全是因为有我在"。并且还一直坚信这份工作正是我的"使命"。

然而，事实却是相反的。这件事让我醒悟，自己只是组织的一个所谓"齿轮"而已。真是如梦初醒。

出院后，还有另一件事让我震惊——据说主治医师在看了手术所摘除的肿瘤后，对我的家人说"这恐怕是恶性的"。从我身上摘除的肿瘤是上纵隔肿瘤（纵隔肿瘤是一组起源于纵隔的肿瘤，包括胸腺瘤、胸内甲状腺肿、支气管囊肿、皮样囊肿、畸胎瘤、淋巴肉瘤、恶性淋巴瘤、心包囊肿、脂肪瘤、神经原性肿瘤等，平均以良性居多。——译者注)，且体积相当大。

据说当时该领域的权威医生坦言"根据我的经验，情况不容乐观"，导致我的妻子在回家路上陷入恐慌状态，开车在十字路口闯了红灯。幸亏没酿成大祸。

后来经过详细的病理检查，医师发现我的肿瘤是良性的，这才逃过一劫。

我在住院时居然根本不去关心自己的病情，而是满脑子工作。在手术当天，我甚至以那天有在美国举办的世界杯最终决赛直播为由，还一大早起来打开电视观战。

最终决赛的两支队伍分别是巴西队和意大利队，这对球迷来说真是无法抗拒的好戏。按照预定计划，在比赛结束后就进行手术，可双方迟迟没有进球。

白热化的比赛进入了加时赛，之后一直延续到双方互射点球。既定的手术时间到了，我拼命求医生，让自己看完这场比赛后再动手术。

结果，意大利队的罗伯特巴乔罚失点球，巴西队戏剧性地夺得了胜利。自己当时根本不知道接下来要动的手术对自己而言有多么关键，居然还能如此投入地看球。这也许应该叫作"无知者无畏"吧……

不过，我在住院时确实也有感到奇怪的事——同病房的人一个个相继死去。也就是说，当时我所在的住院楼里都是癌症患者。

通过经历了这样一场大病，我第一次领悟到：生命是有限的。

并且，我的脑中产生了疑问：在一个庞大的组织中作为一个齿轮漠然地工作，这是否有意义；其中是否有属于自己的使命？

由此，我的思维方式一下子就发生了转变。人生在世，谁也不知道自己何时会离开这个世界。因此，为了做到"不管何时离开人世，都不会后悔"，就必须做到"活在当下"。

因此，我以刚出院为由，推掉了公司里的喝酒应酬及打高尔夫等活动。

我开始考虑应该为家人留点什么，于是不再租房，而是按揭买了一套房。

之后，我便决心用剩下的人生去追寻自己真正的使命。

Part 2

工作是客人所赋予的

在我经历这场重病之前，我一直没有察觉自己只是组织中的一个齿轮。不仅如此，我还天真地认为"项目之所以能顺利运转，是因为有我在"。现在回想起来，我当时确实不太以"遵照上级指示"的方式工作。我认为，自己在工作中更多的是独立酝酿计划并按照自身意志施行。

而迪士尼的启示，措辞则更为谦逊。迪士尼要求员工不断思考"自己的使命是什么"，同时全心全意对待眼前的客人。然而，我却在不知不觉中忘记了这个道理，而误认为"是自己让一切顺利运作的"。

我真是又可悲又可笑。

不过，虽然这场病让我清醒认识到自己并不甘愿永远沦为组织中的一个齿轮，但并没有马上考虑辞掉工作去开创新事业。

在我通过"照亮疑难病症患儿及其家庭的梦想"慈善活动而结识的人当中，有的会对我说："你真能下决心呢。居然辞去工作，成功建立了这个团体。"可见大家都认为：要辞去稳定的工作来从事这样的活动，是需要莫大的勇气的。

确实，不是每个人都能这样下定决心并付诸行动的。我也并非特别有勇气之人。事实上，虽然我与"Give Kids The World"组织的创立者亨利·蓝德沃斯见面交谈时，他对我提出了"希望你能在日本开展（像我们）这样的活动"这样殷切的期望，但直到数年后，我才真正建立起如今的团体。

最初，我打算在自己工作的 Oriental Land 公司内实现该活动。为了说服上司，我制作了企划书，并且做了简报，力图让公司高层相信"这正是迪士尼乐园所需要的"。可结果并没有争取到上司的支持。

当时，我认为"该活动之所以未能实现，是因为公司高层还没明白其意义"。换言之，我把失败原因都归咎于别人。

这种想法真是可笑。

亨利当时在佛罗里达创立了独立的团体，开始了以

"招待疑难病症患儿及其家人去迪士尼乐园游玩"为核心的活动。也就是说，如果我真的也想开展类似活动的话，辞去在公司的工作就能做到了。

可我却没有立即下定决心这么做，而是把失败原因归咎于别人。一方面已经认识到"自己不想永远沦为组织的一个齿轮"；另一方面却心存期待，希望公司能够"支持我开展该活动"。

现在回想起来，当时的我真是可悲可叹。

如果有类似感受的人，发现自己"虽然有其他想做的事情，可因为缺乏勇气而迟迟无法付诸行动"的话，请务必参考我的经验。

我之所以能够觉悟，是因为惊觉到自己的"无力"。

事情是这样的。

在我入职将近 20 年的某一天，我奉命关闭公司旗下的一个场馆设施。因为我当初参与过该设施的筹建工作，再加上直到关闭那天，我都一直负责其运营管理，所以我对该设施的感情要比一般员工深得多。该设施只运营了八年。

在最终营业日，临近闭馆时，许多客人们不约而同地前来。

当天并没有安排闭馆仪式之类隆重的活动。我们只是事先告知了客人"今天是最终营业日"。

而且闭馆时间定在晚上九点，可有的客人还是牵着孩子的手，一家人一同前来。

我让工作人员们列队站好，向客人问候。

并且效仿打烊的百货商场的做法，让员工们对客人鞠躬，并表示感谢："对您一直以来的关爱，我们致以衷心的感谢。"结果，聚集在一起的客人们也对我们说"谢谢你们"，并为我们鼓掌。

难以置信。

坦白地说，我当时真的非常惊讶。

在服务业，从业人员对客人说"谢谢"是理所当然的，可这一次，居然是客人对我们说"谢谢"。

那时候，我明白了一个道理：场馆设施之所以能够运转，并非仅靠我们的力量，而是依靠客人们的帮助和支持。

也就是说，所谓工作，是客人所赋予的。是客人培养了我们，并让我们得以成长。

而之前自己总是抱着"这工作来源于我的创意"、"这

项目是出自我手"之类的自私想法。这是多么愚蠢啊。如今回想起来，还是会让我感到惭愧。

不仅如此，当时向客人问候完毕后，我回头一看，排列整齐的工作人员们的一张张脸庞映入我的眼帘。他们饱含真挚的眼眸触动了我。之前我一直把他们当作"棋子"来使唤，可事实上如果没有这些部下，作为管理者的我只会一事无成。也就是说，我之所以能开展工作，是因为有这些工作人员的扶持。

在当时的情境下，我终于领悟到了重要的道理。

Part 3

只有了解自身的
"无力"才能变强大

工作之所以能够成功，其决定性因素并非所谓的"营销""战略"之类。

我之前也曾经抱有类似的错误想法，到后来才恍然大悟。

工作，是客人所赋予的。是客人锤炼了我们，是客人令我们成长。

虽然关闭该场馆设施是出于营利性等方面的考虑，但我却完全没察觉居然有这么多客人对我们的设施依依不舍。

这是因为我之前并没有试着认真去了解客人。

而我也没有发现，部下的支持对我有多么重要。

我之前一直认为如果不是自己对部下下指示，项目就无法运转。然而，我又大错特错了。

"如果没有客人""如果没有工作人员"，我根本无法完成工作。我觉悟到的这两个道理，让我遭受了"双重打击"，使我几近崩溃。

我竟然如此无力。

对于自身的渺小，我无法忍受。

我该怎么办？

在将近 20 年的岁月中，一直都没觉悟到"自身的无力"的人，接下来的人生之路要怎么走？

于是乎，我下定了决心。

只有再从零开始。

只有回到"全心全意对待眼前的客人"这个原点。

我下定了决心，几个月后便辞去了工作。

为了建立自己的团体。

我向自己发誓，不再把错误归咎于别人，这次一定要拼命一搏。

据说在日本，与疑难病症作斗争的孩子当中，有将近半数的孩子希望能去迪士尼乐园看米老鼠。虽然我个人的力量有限，但为了实现这些孩子们的梦想，我打算努力奋斗。

时不我待。

越是了解自身"无力"的人，越是强大。我不会再迷惘了。

从那以后，我还是会经常从客人身上领悟到各种道理。

在以"照亮疑难病症患儿及其家庭的梦想"为宗旨而开展的"Wish Vacation"活动过程中，参加活动的疑难病症患儿家庭也让我领悟了许多道理。在活动开展伊始，我把行程计划排得太密，导致了很大的问题。

我当时想"一家人难得出来游玩，迪士尼乐园自不必说，还想带他们去美味的餐厅用餐，另外还想带他们去其他景点……"可谓是一厢情愿地把自己的想法强加于人。其原因在于我当时并没有全心全意去试图了解他们。

如果行程计划安排得太密，就会导致劳累。最重要的是，这根本不是患儿一家所追求的东西。让我懂得这个道理的，是从仙台来参加活动的一家人。

得病的是一对双胞胎中的姐姐，是白血病中的罕见病种。这一家一共有三个孩子——双胞胎姐妹和一个最小的弟弟。他们参加我们的"Wish Vacation"，正好是在东日本大地震发生前的二月份。

患病的姐姐得到了由 4 岁的弟弟所提供的骨髓，接受了移植手术，现在仍然在与病魔作斗争。在迪士尼乐园时，他们的母亲对我们说："今天风很大，我们玩到 3 点左右就可以结束了。"之后，我们把他们送到宾馆，带到房间。因为他们午饭也没怎么吃，于是我问道："你们肚子饿了吧，要我们去买便当吗？"可是那位母亲却谢绝了，她说："接下来我们自己会安排的，不用麻烦了。"

是我做错了什么吗？当时我感到不安。不过，在那次活动的最后一天，我通过和那位母亲聊天，得知了当时的缘由。

双胞胎中的姐姐因为要接受治疗，曾经住院了将近一年。其间，母亲一直陪在身边照顾她。而弟弟由于要参与移植手术，也能在医院里和母亲一起。

而唯独双胞胎中的妹妹，虽然母亲对她放心不下，但当时实在没有时间陪她。这让母亲感到愧疚。

所以，那位母亲对我吐露了心声："这次旅行，可以说是为了我的小女儿安排的。我想陪陪她，作为补偿。"

据那位母亲说，当我们把他们带到宾馆房间后，她拉着小女儿的手，走到了距离宾馆20米左右的一家便利店，买了4人份的荞麦面。她正是为了空出时间来和小女儿单独相处，所以才拒绝了我们的提议。

这对双胞胎中的妹妹而言，是和姐姐一起出生后，第一次体验"和妈妈单独购物"。

这位母亲真正想要的不是法国大餐，也不是知名饭店的日式宴席。她只是想牵着自己小女儿的手，两个人走到20米开外的便利店购物而已。

我从中学到了重要的道理。我之前出于想传达"有这么多人为你们打气哦"的心意，于是给来参加活动的家庭安排了过于紧密的日程。带他们到各种地方去玩，到晚上8点才回到宾馆，而且还若无其事地对他们说"明天一早再出发"。

这只能说是"强迫别人接受你的好意"，完全是"自我感觉良好"。

Part 4

疑难病症患儿家庭是
"弱势群体"吗?

前面也说过,招待疑难病症患儿及其家人去迪士尼乐园游玩的"Wish Vacation"活动中,园内的陪同工作是由志愿者全权负责的。

这种体验对于志愿者来说是震撼的。志愿者们齐心协力,力图做好疑难病症患儿家庭的陪同工作,所以即便时间过去很久,当时一起参加活动的志愿者们提起这段经历,还是会津津乐道。

通常是早上 9 点在迪士尼乐园门口集合。我们在前一天已经安排过让疑难病症患儿家庭和志愿者互相认识,并且对他们说明了当天应该注意的地方。不过双方毕竟还不熟悉,但他们需要一起在迪士尼乐园这个人山人海的地方一起行动。

参加 "Wish Vacation" 的除了患儿本人外，还有其父母和兄弟姐妹等，等于是家庭全员。而陪同这些家庭的志愿者相应的也有数人。根据小孩子的年龄，志愿者会相应地拉着他们的手，或者抱着他们，或者让他们骑在自己的脖子上。

虽然把这些孩子所患的疾病统称为疑难病症，但具体来说是各不相同的。有的疾病已经有了一定程度的治疗方法。如果是这类疾病的患儿，则在经过一个阶段的治疗后，病情会得到控制，使得旁人从表面上几乎看不出他们与健康孩子的区别；另一方面，有的孩子所患的疾病则较为严重，有的必须坐在轮椅上，有的无法说话，甚至无法用自身的意志让身体动弹。

而许多志愿者也是互不相识的，他们往往由不同企业派遣来进行研修。但即便大家互相不熟悉，也必须在迪士尼乐园里齐心协力，完成陪同工作。

即便在工作日，迪士尼乐园里也是游客众多。虽然园内配有为疾病残障等困难人士所准备的 "游乐设施乘坐优先通道"，但要想让患儿一家在人多嘈杂的园内放松身心并获得愉悦体验，则需要志愿者自己开动脑筋，全身心投入。

"想去玩哪个游乐设施？想吃点什么吗？"

志愿者一边这样和患儿家庭交流，一边思考 "为了对方，自己应该怎么做"。

"我想吃爆米花。"

园内卖的爆米花有好几种，每个销售点的爆米花口味各不相同。如果参加活动的家庭有三个兄弟姐妹，那么志愿者就会想让他们一起尝一下不同口味的爆米花。这时候，志愿者们就会分头去买不同口味的。

像过山车之类的游乐设施，一般对乘客都有身高限制。有的参加活动的家庭中的最小的孩子由于身高未达标而无法乘坐，便会不甘心地哭闹。这时候，志愿者会一边哄他，一边对他说："坐不了过山车的话，那咱们去看米妮吧！"看到这一幕的孩子的母亲，含着眼泪倾吐心声："由于老大患病，所以我平时没法抽出时间来宠爱这个最小的孩子，他一定是感到孤单了……"

这种"有别于日常生活"的经历，不仅仅给疑难病症患儿及其家人带来愉悦的体验，对于志愿者而言，也是一个弥足珍贵的学习机会。全心全意地思考能为对方做些什么，并付诸行动。这样的体验，能够使其领悟在平时工作中无法领悟的道理。志愿者即便带着自己的家人去迪士尼乐园，也无法获得如此深的感悟。

按照"Wish Vacation"的安排，志愿者的园内陪同工作时间不会超过中午，下午参加活动的家庭会单独自由活动。当然，如果参加活动的家庭希望下午继续在园内游玩也可以，但原则上他们就必须"独立自主"了。

之所以如此安排，是因为我们组织方把疑难病症患儿及其家人与志愿者看作是对等的关系。参加活动的家庭绝不是被动接受援助的对象，也不是单方面接受服务的"弱势群体"。

因此，我们会提前和参加活动的家庭说明我们组织方的宗旨：不会提供"无微不至"的"包办式"服务。换言之，我们不会"从头到尾照顾他们"。

这也是迪士尼的理念之一。

迪士尼乐园内是没有例如"残障者优惠"之类的"福利"的。虽然对于相关人士会提供各种特殊服务，但费用方面是没有变化的。"我们希望让残障人士也能获得和正常人一样的愉悦体验，为此我们员工会全力以赴"，这便是迪士尼的理念。也就是所谓的"normalization（一视同仁）"。

按照安排，志愿者们在当天下午要进行名为"group discussion（小组讨论）"的研修活动——大家聚在会议室互相交流诸如"通过上午的园内陪同工作，领悟到了什么""如何把领悟到的道理用在今后的工作和生活中"等问题。

并且，为了能让下午的研修活动更"有效率、出成果"，我们灵活运用了一桥大学的名誉教授野中郁次郎所提倡的"SECI 模式"。

所谓"SECI"，是"共同化（Socialization）""外在化（Externalization）""组合化（Combination）"和"内在化（Internalization）"这四个单词的首字母所组成的名称。

该模型的作用是通过共享个人或集团所拥有的"隐性知识"，使之转化为"显性知识"，并通过反复该过程，来达到使知识"内部升华"的目的。从而最终实现新价值的产生。

我在开展"照亮疑难病症患儿及其家庭的梦想"活动之前，关于"如何把 SECI 模式灵活运用到该研修活动中"这个问题，我拜托了野中先生给予指导，从而使我得以制定出该研修活动计划。

并且，在活动筹划伊始，我便决定把参加该"Wish

Vacation"企业研修活动的参加费用捐助金额设定为"一份 25 万日元"。之所以设定为一份 25 万日元，是因为这正好是我们招待每个患儿家庭的平均费用。因此，当我们与希望参加研修和捐助的企业磋商时，会以"那么，这次活动，希望贵公司提供三份捐助款"的方式敲定费用，然后再决定与捐助款金额相应的研修人数。

三份捐助款，就能够招待三个患儿家庭。这种金额单位因为简单明了而广受好评。我之所以会采用这样的计算单位，是因为在企业研修这个行业中，课程和项目可谓五花八门，但在收费依据这个问题上，经常会出现让企业方面难以理解的情况。

企业研修的目的，自然是为企业培养人才。不过我们所组织的活动，还同时与社会公益相关。把培养人才和社会公益相结合的理念，是非常简单易懂的。如今，有越来越多的企业为了履行社会责任而投入到 CSR（CSR 即 Corporate Social Responsibility，意为企业社会责任。——译者注）活动中。如果能通过 CSR 活动使公司员工得以成长，我觉得其意义非常深远。

Part 5

平等地对待每一个生命

我们认为：志愿者并非单方面提供服务的群体；同样地，疑难病症患儿及其家庭也并非单方面接受援助的对象。如果双方不对等，则无意义。

不过，这样的理念也许并非所有的人都能接受。在第一次举办"Wish Vacation"活动时，我便切身体会到了这一点。那时候"照亮疑难病症患儿及其家庭的梦想"慈善组织还刚成立不久。

当时我们对一个疑难病症患儿家庭发出邀请："我们准备开始尝试运行该活动，请问能否提供协助？"结果他们非常乐意地接受了。

那时候的活动日程安排是"当天来回，不加住宿"。我们组织方开着租来的车去接他们，然后带他们去迪士尼乐园游玩。在园内，大家欢声笑语，因此我认为他们玩得很开心。

然而，几天后，当我们组织方去听取他们的回馈意见时，才知道事实并非如此。

由于我们组织方也处于初次尝试阶段，所以采用这种回访的方式来听取参加活动的家庭的感想及我们的不足之处等。结果，在回访即将结束时，参加活动的家庭的母亲似乎终于下定了决心，对我们说出了她自己的真实想法。

"为什么你们不再多照顾和关心我们一点呢？"

我顿时感到错愕。我们不会提供"无微不至"的"包办式"服务，这是我们的宗旨。没有事先向他们充分说明这一点是我们的疏忽，但他们在活动中居然一点都没有领会我们的意图，这真的让我十分意外。

"你们不知道我们一家人有多艰难。"

那位母亲最后哭了起来。

事实上，当时那个家庭的患儿病情恶化，再次住院了。当时那位母亲之所以情绪如此不稳定，或许是因为孩子的病情让她感到不安的缘故吧。

不过，面对那位母亲当时的反应，我是这样回答的。

"我们当然知道你们很艰难，并且其程度是我们无法想象的。不过，我们并不想把你们作为弱势群体来看待。"

　　的确，孩子久病不愈的痛苦，是家庭成员以外的局外人难以完全了解的。即便如此，我还是不希望这些家庭把自身看作是可怜的弱势群体。即便当下处境艰难，但也要坚信自己是与他人平等的社会一员。

　　像这种对于志愿者职责的理念冲突，时不时会在活动中产生。例如在迪士尼乐园中游玩时，有的家庭会提出诸如"游乐设施前的队伍好长，能替我们排一下队吗""能帮我们去买午饭吗""我们想看游行狂欢，能帮我们去占座吗"之类的要求。对此，我们有时会予以拒绝。

　　一般情况下，我们会采用对等的方式来回应类似的要求，例如，倘若参加活动的家庭觉得长时间排队太辛苦，那我们会提议他们使用迪士尼乐园的"快速通行"系统〔快速通行（Fast Pass）是一套在世界各地的迪士尼乐园及度假区中使用的"虚拟排队"系统，在适用的游乐设施中，快速通行能让游客避开漫长的排队等候时间，并利用等待入场的时间前往其他设施游玩。快速通行服务是免费提供的。——译者注〕。

　　志愿者的职责并非单方面地提供服务。志愿者和参加活动的家庭"各司其职"，从而使得双方都能获得愉悦体验。一切都是双方互动的，而绝非单方面的。

而迪士尼乐园内的员工和游客之间的关系也与该理念相符。员工因为游客快乐而感到幸福；游客因为员工认真努力而感到快乐。

我觉得，在任何行业和领域，这样的关系都是人们所追求的。

在初次活动后的两个月后，我们举办了第二次"Wish Vacation"活动。由于吸取了上次的教训，我们事先对参加活动的家庭详尽说明了我们的宗旨：不会提供"无微不至"的"包办式"服务。

即便如此，我们还是心怀不安：我们是否明确传达了自己的心意？这一切会不会只是我们自我满足的错觉？

所以，当活动日程结束后，参加活动的家庭的父亲对我们说的一句话，让我们感到由衷的欣慰。

"你们的距离感让我很感激。让我们一家感到轻松。"

这位父亲对于志愿者的感觉和我们组织方的理念一致——参加家庭并非弱势群体，在活动中并非接受"援助"的角色。他的这番话，总算让我有了自信。

并且，这位父亲还吐露了这样的心声。

"社会所关注的，往往只是我那患病的女儿一个人而已。"

当然，被病魔所折磨的是患儿本人。不过，与病魔作斗争的是整个家庭，直面关乎生命的严肃问题的是一家人。然而，很少有人会去尝试倾听患儿家人的心声。

所以，我们"Wish Vacation"活动这种招待患儿家庭全员的方式，让这位父亲感到欣喜。

于是，我在心中立下誓言：我们今后要不断广泛倾听患儿家人的心声。

"希望互相对等"的理念，有时可能会招致误会。

但打个比方，如果一个人的右手明明能够正常活动，但我们的服务如果把其右手的活动也包办了，那么结果会怎样？这等于是剥夺了对方自身的"功能"。这样的做法，对疑难病症患儿及其家庭而言，真的能带来幸福吗？

如果把对方看作是所谓的"弱势群体"，自身就会在不知不觉中站在"我在帮助他们"自上而下的"施舍者"的立场上。因此，我们应该一边关心对方的困难之处，一边承认其作为社会一员的作用，并且加以广泛宣传。我觉得这正是如今日本慈善事业所需要的态度。

我认为，在日本的志愿者活动中，经常存在一个问题："给予者"与"接受者"泾渭分明，两者的关系不是互动的，而是单方面的。

这是不行的。

即便是疑难病症患儿及其家庭，也有着自身的使命。只要是活着的社会一员，每个人都有自身的使命。

正因为如此，大家不应该只是单方面地帮助他们，还必须向他们学习。

这正是我开展"Wish Vacation"活动的目的之一——为了建立这种互动的关系。

也正因为如此，我们坚持对疑难病症患儿及其家庭所做的一切，并非"援助"，而是"打气"。

CHAPTER 4

迪士尼乐园是永远
未完成的乐园

Part 1

只要人类还有想象力

"迪士尼乐园是永远未完成的乐园"。

这是华特·迪士尼的名言。而这句名言其实还有下半句。

"只要人类还有想象力，这个游乐园就不会完成"。

如果要列出世界游客入场数高居前 10 位的主题公园，那与迪士尼相关的设施几乎要包揽这个排行榜了。

迪士尼乐园正可谓是主题公园中的王者。"说起主题公园，不得不提到迪士尼"，这句话并不为过。

但是，如果要问迪士尼乐园是否是"完美无缺"的主题公园，那么答案是否定的。

就如华特·迪士尼所说，并不存在诸如"这么做就完美无缺了"之类的正确答案。

他相信的是人类的想象力。他自身便是一位富有创意的天才，曾经创作过许多优秀的作品，他生命的最后阶段正值位于佛罗里达的迪士尼世界的施工阶段。而他没能等到完工便与世长辞了。即便如此，他还是坚信继承他意志的人们会继续努力。

具有丰富想象力的后人企划新的游乐设施，设计更有魅力的公园，从而使得迪士尼乐园越变越好。但所谓想象力，并不仅限于这个方面。在园内工作的员工们为了眼前的游客而真心诚意地"想象"自己到底应该做什么。这样的想象力能够提升游客的幸福感。

华特·迪士尼还留下了这样的教诲。

"维持现状，便是退步的开始"。

也就是说，如果抱有"这样已经很完美了"的思想的

话，那便是退步的开始。就好比一池清流，如果不加疏通，便会沦为一潭死水。如果不能做到与时俱进，成长自不必说，连维持现状都成了天方夜谭。

这个道理适用于各个方面。人也是如此，如果不能"谦虚好问，求知若渴"，就会不思进取，渐渐消沉。

不管对于什么事情，都不能抱有"这样就可以了"的自满思想。需要改进的地方时时存在，处处存在。只要不放弃思考，就能不断改进。这个道理不仅适用于制造业，也适用于服务业。

对于服务提供方而言，如果能够不断想象"如何才能让客人具有幸福感"，就能逐渐做到在待客过程中全心全意对待客人，最后使得自身也具有了幸福感。

有的读者可能去过好几次迪士尼乐园了，在游玩时，或许您也觉察到了园内各处细节的改进。这些细节可能是餐厅的菜单，可能是针对带着婴幼儿的亲子游客的向导方式，也可能是纪念品的摆放方式，等等。没错，迪士尼乐

园是在不断变化中的。

来迪士尼的游客可谓各种各样。即便是同一位游客，第一次、第二次和第三次来时，所追求的东西也会相应发生变化。

游客们所抱有的期待不同，因此接待方如果采取"整齐划一"的服务方式，则必然会失败。但如果统计所有游客的期待和喜好，进而采用"最大公约数"的服务方式，则总会让一部分游客败兴而归。这个问题确实没有能够一蹴而就的解决方案。

而且，服务提供方也是人，因此不同的服务提供者自然有不同的个性，也有自身擅长与不擅长的方面。所以解决该问题的难度确实较大。

虽说没有能够一蹴而就的解决方案，但服务提供方如果以"什么是人所能做到的"这样的角度看问题的话，或许该问题的解决方案只有一个：不断想象自己应该做什么，并且全身心地投入其中。

这样的态度会让游客感动，从而使游客获得幸福感。

Part 2

以指导手册来规范作业

　　我这样描述迪士尼乐园的服务，或许会让一些读者产生误会：服务的关键因素在于"心意"，要想提供优质服务，只能指望员工个人的努力了。

　　如果这么想的话，那就错了。

　　服务是需要指导手册的。必须制定基本的规章制度，并且确保员工能够理解与遵循。如果没有这样的体系，是无法提供优质服务的。

　　让我们来探讨一下有关"指导手册与服务的关系"的

话题。

说到指导手册，可能会让人联想到便利店和平价餐馆那种"整齐划一"的服务。与之相比，迪士尼乐园所提供的服务却与"整齐划一"毫无关系，园内的员工总是根据服务对象而随机应变。这样的素质，依靠指导手册是难以培养的。

因为我曾经负责过迪士尼乐园的研修计划制订等相关工作，所以即便到了现在，还是会有人经常问我诸如"迪士尼乐园到底是如何指导员工开展服务的"之类的问题。

我在学生时代，也曾在以"指导手册式标准流程化运营"而闻名的某大型快餐连锁店打过工。事实上，迪士尼乐园的指导手册与这种快餐连锁店的指导手册相比，其着眼点是完全不同的。

迪士尼乐园的指导手册并没有"机械性地罗列工作人员应该进行的作业内容"，也不会写"微笑的方法""问候客人的方式"等内容。迪士尼乐园的指导手册的中心思想单一而明确，精确翔实地注明作业内容，内容按照顺序排列。且篇幅庞大、事无巨细。

也就是说，只要按照该指导手册进行作业，无论是谁，无论何时，都能获得完全相同的结果。每位员工的个人工作能力参差不齐，但只要把作业内容按照顺序细致地进行规定，则所有员工的作业质量就能保持稳定一致。

这样一来，就能杜绝诸如"那家伙工作真马虎""那家伙工作不靠谱"之类的事态发生。

以东京迪士尼乐园为例，如果整个乐园的 25000 名员工不能一致贯彻指导手册的规定，则迪士尼的理念只能沦为空谈。

不过该指导手册的内容只是"基本的规章制度"，至于更高层次的服务内容，则需要员工独立思考、发挥创意。这是迪士尼员工的基本素质。指导手册的内容是"Duty"，即作业。迪士尼乐园的员工是不会仅满足于此的。

至于他们真正的工作，其层次要高于指导手册的内容，也就是"Mission"。而这正是能够展现员工个性的舞台。

比如，或许有些读者也亲眼见到过，在雨过天晴的迪士尼乐园内，负责保洁工作的员工会在地上画画。他们把扫帚在水洼里蘸一下，然后用水在地面画米奇、米妮和唐老鸭等迪士尼卡通人物。之前由于下雨而没能尽情玩耍的孩子们看到这一幕，往往会满心欢喜。

怎样的画才能带给孩子们欢乐呢？每位负责保洁工作的员工都会以自己的方式开动脑筋。有的员工或许并不擅长绘画，但这与绘画技巧无关。负责保洁的大哥哥大姐姐们像变魔术一般拿着扫帚唰唰几下，地上便呈现出可爱的迪士尼卡通人物，这就足以让孩子们兴高采烈了。

不断思考"如何才能让眼前的游客获得愉悦体验"，这才是关键所在，这才是真正意义上的工作，而并非指导手册上所规定的作业。

Part 3

"规章制度"
让员工胸有成竹

　　我离开迪士尼乐园后，在与其他企业进行工作接触的过程中，发现了一个现象——日本的绝大多数企业都没有灵活运用指导手册。

　　"这个文件应该怎么写""跑业务时应该怎么做""打电话与那家企业联系时，措辞方面应该注意什么"……如果对于这种细节问题能够实现"基本规章制度流程化"，记入指导手册，则员工对于这些有关工作方式的问题就不会产生困惑。如果没有困惑，那么自然就能做到胸有成竹。

　　然而，在日本企业中，很少有能把指导手册制订得如此事无巨细的。我有时会感到可惜：如果企业能够进一步灵活运用指导手册，就能使员工胸有成竹，从而能为客人提供无微不至的服务。

有的读者可能会问：平价餐厅和便利店都是灵活运用指导手册的典型，可他们的待客方式为何与迪士尼乐园大相径庭呢？他们也是通过指导手册事无巨细地制订了一系列规章制度，可为何与迪士尼乐园会存在差距呢？

在连锁店之类的企业，其指导手册涵盖了员工的所有工作内容，很多形成了"除了指导手册上写的，其他什么都不用做"的企业文化。这种"整齐划一""千篇一律"的待客方式，并不能让客人感动。客人只是淡漠地接受这种流水线式的服务。

而在迪士尼乐园，指导手册只涵盖了作业内容。其并不会指导员工应该如何微笑，也不会要求员工进行这方面的练习。但你却能看到迪士尼乐园的员工总是满面笑容，这是因为他们明白自己应该做什么，即明白自己的使命是什么。

真心诚意地"想客人所想，急客人所急"，这正是他们的笑容如此自然的原因所在。

也可以以这样的角度来解释：这些连锁店企业的指导手册是以"完成工作"为目的而制订的。当指导手册完成后，便"一劳永逸"。现场工作人员的工作内容完全被事先规定好了。

迪士尼则不同，其以"工作永无止境"的理念为前提，要求员工必须坚持不断改进。虽然员工不能随意改变指导手册所规定的作业内容和顺序，但迪士尼要求员工在更高层次（工作）上开动脑筋、发挥创意。

CHAPTER 5

治愈心灵的魔法国度

Part 1

与亨利·蓝德沃斯的邂逅

招待疑难病症患儿及其家庭去迪士尼乐园等地游玩的美国慈善组织"Give Kids The World"的事迹首次被日本媒体报道是 2002 年播放的电视纪录片《NHK 特集》。

纪录片的片名为《治愈心灵的魔法国度——这一切都源于一个人的善意》。

其中"一个人的善意"指的是曾经被称为"酒店业之王"的亨利不惜倾注个人财富,一手创立了"Give Kids The World"。

我起初并不知道这部纪录片的存在。有一天,一位同事拿了一盒录像带给我,他说:"我猜你肯定会喜欢的,看看吧。"

于是我马上观看了。

结果，这部纪录片对我而言，绝对不仅仅是"喜欢"的程度，它实实在在地改变了我的人生。

纪录片的片头是一家人到达奥兰多〔奥兰多（Orlando）是位于美国佛罗里达州中部的一座城市，当地有许多主题乐园，如迪士尼世界、环球影城、冒险岛乐园等。——译者注〕机场的情景。女孩子的名字叫柯罗达，她身患白血病，在接受骨髓移植等相关治疗。而迎接这一家的则是志愿者。没错，"Give Kids The World"完全由志愿者运作。

纪录片接下来又介绍了一位来自芝加哥的男孩，他对着镜头说："我是来和米老鼠见面的。"而解说员的画外音如此叙述："美国85%的疑难病症患儿的最大愿望，便是能和米老鼠见面。"

这部纪录片，当时让我看得目不转睛。我没想到这些孩子居然如此热爱迪士尼乐园。作为迪士尼乐园的相关从业者，这让我感到欣喜。但与此同时我也认识到，面对这些与疑难病症作斗争的孩子们，我绝对不能抱着"事不关己"的态度。

我看到这部纪录片的时候，已经在 Oriental Land 入职十年以上了，虽然我一直认为自身的工作很有意义，但同时在心中也有纠结。

　　我一开始被正式分配到的部门是保洁科，当时我能够在园内第一线工作，可当我后来被调动，转而负责新主题公园及商业设施企划方面的工作后，便与基层第一线越来越疏远。

　　"我的工作，真的在为这个'给予游客梦想的魔法国度'做贡献吗？"

　　我的内心不断出现这个声音。

　　再加上我自身所经历的一场重病，导致我越来越觉得"自己归根结底只是组织中的一个齿轮而已"。于是我会时不时问自己"这份工作真的是自己应该履行的使命吗"。

　　就在这样的背景下，当我得知有这样一群孩子，他们对于迪士尼乐园的憧憬是如此纯粹，我深深地被他们打动了。这让我重新认识到"让孩子们、孩子们的家人以及大家都感到幸福，果然这才是迪士尼乐园的意义所在啊"。

　　这让我想起在该纪录片播放五年前的一件事。当时正值我生病住院，于是想利用这个机会去参观一下儿童住院部。我发现孩子们的病房中有诸如印有小熊维尼的毛巾毯及印有米妮的马克杯等许多迪士尼的动漫周边商品。这让我感叹，日本的孩子们居然如此热爱迪士尼，他们越是在因为生病而心情低落的时候，越是对那魔法国度抱有憧憬。

作为与迪士尼相关的业内人士，这部纪录片让我感到自豪，而与此同时，招待疑难病症患儿去各地游玩的"Give Kids The World"组织，让我一下子产生了兴趣。

不久后，我得到了去佛罗里达出差的机会。我决定强行在行程安排上空出一段时间，直接去"Give Kids The World"看看。于是我事先打通了电话，用蹩脚的英语说明了自己的"身份"——日本迪士尼乐园的工作人员以及"来意"——想见亨利·蓝德沃斯先生。结果，亨利先生居然接受了我既唐突又冒昧的请求。

在我的人生中，有两位在我心中有同样地位的可敬之人，一位是华特·迪士尼，另一位便是亨利·蓝德沃斯。

接下来对亨利先生的生平稍作介绍。

Part 2

犹太人大屠杀的幸存者

亨利生于 1927 年，他出生在比利时的一户经营服装店的犹太人家庭。在他 12 岁时，第二次世界大战爆发；13 岁时，他们一家人都被纳粹关进了强制集中营。

纳粹集中营的日子见证了他悲惨的命运。他的父亲被纳粹枪毙，母亲在战争即将结束时离开人世。亨利自己每天也过着命悬一线的非人生活。他的头部至今仍然留有当时被步枪枪托殴打的伤痕。13 岁到 18 岁，这原本应该是少男少女多愁善感的青涩年华，他却在这样的集中营中度过。他能坚持到战争结束，可以说是个奇迹。

恢复自由之身的他远渡美国，得到了一份酒店服务生的工作。他在工作岗位上努力奋斗，20 年后被任命为酒店的最高经营管理者。之后，他与时俱进，看准了佛罗里达当时的度假村开发热潮，最终成为拥有五家酒店的富商。他的事迹被搬上电视节目，成为当时"美国梦"式的成功人士典型。

然而，一通电话改变了他之后的人生。电话是一位母亲打来的，她说自己一直身患重病的女儿去世了，所以要取消预订的房间。

于是亨利陷入了沉思："孩子在离开人世之前的弥留之际，她最后的愿望居然还是没能实现。"她的愿望其实很简单，仅仅是"想和米老鼠见一面"。

在集中营的日子，他无法依靠自己的力量打破自身的困境。疑难病症患儿亦是如此，他们无法依靠自己的力量在人生道路上不断前进。也就是说，这些孩子们不就和自己年少时一样吗？

人有时会陷入无法依靠自己的力量脱困的无力处境。在纳粹集中营时，不管自己想活下去的意愿多么强烈，也无法战胜随时可能被杀的现实。疑难病症患儿亦是如此，他们身患的疾病往往病因不明、治疗方法不明，他们不知道自己要忍受多久的痛苦。

据说，当亨利与疑难病症患儿们进行实际交流后，他从患儿身上看到了自己曾经的影子。

于是，他卖掉了所拥有的全部酒店，发誓要为了实现这些孩子们的梦想而奉献余生。

当时，他用卖掉酒店所得的大约 2 亿日元资金，购买了奥兰多 20 万平方米的土地。并且在那里建造了福利设施，用于邀请疑难病症患儿及其家庭入住疗养。经营佛罗里达主题公园的大企业对他的理念表示支持，并为其筹措了资金。除此之外，还有许多企业和个人也向他提供了协助。据说当时施工建设所需的物资和劳动力之所以能够及时到位，是因为他的热忱感动了许许多多的人。

亨利曾经说过这么一段话。

"我在创建该慈善事业的过程中，只在购买土地时签过一份书面合同。除此之外的所有相关项目都是没有合同的，双方只是握个手，所需的资金、物质和人手就调配到位了。"

在"一切向钱看"的高度发达的资本主义国家，这种如童话一般的故事居然成为现实。"Give Kids The World"就这样诞生了。

Part 3 "三分钟热度" 的日本人

　　我来到 "Give Kids The World" 后，亨利先生并没有对我表示欢迎。他见到我之后的第一句话居然是 "我讨厌日本人"。这让我都不敢相信自己的耳朵了——我专程赶到奥兰多来见他，却被他这样斥责。不过，在我得知他如此生气的缘由后，觉得确实情有可原。

　　亨利先生说，其实，他的事迹在日本以那部纪录片的形式播出后，有不少日本企业和团体联系到他，有的邀请他去日本做演讲，有的希望支援他的慈善事业。

　　当时的亨利先生事务繁忙，但想到 "Give Kids The World" 能在日本生根开花，便抽出时间访问了日本。

　　听了他的演讲后，很多人感动落泪。会场沉浸在感动的氛围中，主办者也哭着与他握手。

"要是日本也有类似'Give Kids The World'的福利设施就好了。"

听众们一致产生了这样的共鸣，可结果没有一个人为之付诸行动，也没有一个人为之不懈努力。

就连当初安排演讲活动的主办者，也在之后杳无音信。

"日本人只有三分钟热度。我是为了日本人才特地去演讲的，可结果……所以当我得知一个日本人要来见我时，我本来是想立刻回绝的。可你说你在迪士尼乐园工作，所以我才决定姑且见你一面。"

我感到愕然。我之所以想见亨利先生一面，是因为那部纪录片让我非常感动。当时我并没有考虑为了疑难病症患儿建立慈善团体之类的事。或许我和那些在听了演讲后只是感动落泪的日本人没有区别。

"日本的迪士尼乐园所获的成功，在世界上都是首屈一指的。可为何日本就没有像'Give Kids The World'这样的团体呢？"

他的话深深触动了我的心弦：洛杉矶的迪士尼乐园也好，佛罗里达的迪士尼乐园也好，巴黎的迪士尼乐园也好，都有类似的慈善活动在开展。可为什么游客人数众多且盈利状况极佳的日本东京迪士尼乐园就没有呢？

我一直到底在做什么？一直在为了什么而工作呢？

亨利先生与我单独进行了 40 分钟左右的交谈。他把他所领悟的各种人生哲理，毫不吝啬地向我娓娓道来。

这位曾经在纳粹集中营死里逃生，之后又实现了美国梦，最后倾其所有投入慈善事业的男人，他的一字一句，比我之前见过的任何一位企业家都要深刻和厚重。且让我感受到了真正的"人格魅力"。

Part 4

Give and Give

亨利说:"所谓活着,就是一个不断给予的过程。"

通常在生意场上,"Give and Take"被认为是基本原则。给予(Give)对方的行为,必然要伴随着交换,即获取(Take)。这种被认为是理所当然的概念,也是社会成立的基础。

可亨利却认为这并非正确的常态。

他的理念是"必须实现'Give and Give'"。

也就是"给予,再给予"。

人生在世,把自己所拥有的给予别人,而其目的并非获取回报,而是进一步给予别人。如果能这么做,自身便会感受到真正意义上的幸福。

比如,在"Give Kids The World"工作的志愿者们,

他们通过打扫、做饭、向导等形式来实现对疑难病症患儿们的"给予"。而他们并没有期待获得什么回报，只是自然而然地做着自己力所能及的事情。各尽其能，出力流汗，从而使自己感到幸福。这是在平时的工作中很难实际体会到的。

而且，亨利在这些疑难杂症患儿们的身上，看到了自己年少时的缩影。他把当时在纳粹集中营命悬一线的自己，投射到了这些与病魔作斗争的患儿们身上。因此，他通过为这些患儿打气，也让自身获得了救赎。从本质上来讲，他创建"Give Kids The World"，可以说是为了他自己。

他丝毫没有向疑难病症患儿及其家庭"施恩"的想法。这也是亨利能够成功建立这样一座乐园的原因。

然而在日本，提到志愿者活动，我觉得人们总是会把它与"施恩"相挂钩。其实这是大错特错的。虽然大部分日本人能够认识到志愿者活动的内涵是"无偿劳动"，但所谓无偿，并非仅仅局限于"不收钱"。

在日本的志愿者活动现场，有的参加者会以"不想干"为由拒绝被分配到的工作。且以"我都是无偿劳动了，为什么还非得干不想干的活儿？"之类的借口进行辩解。这样的人都有一些本质上的共同点——不知道自身的能力范围；不愿意调查现场的问题所在；漫不经心地来参加志愿者活动，只会一个劲儿地问"我该做什么？"

真心诚意参加活动的人明明不少，却被这些认识不端正的人拖了后腿，从而导致好不容易开展起来的志愿者活动丧失了团队协作功能，最终见效甚微。

而如果以"Give and Give"的思维方式看问题，则无偿劳动就属于自然成立的行为。这是多么美好的状态。

"判断你是否真正活着的标准，是你是否把自己所拥有的给予别人。"

亨利先生的这番话，让我陷入沉思。

在我之前的人生岁月中，究竟有没有做到"给予别人"？

是否只是一味地考虑着如何索取？

在给予别人时，是否抱有"施恩"的想法？

就在我因为如此残酷的自我反省而受到打击时，亨利先生这么对我说。

"你是日本迪士尼公司的人，因此我对你有两个请求。第一个，希望你能让这个位于佛罗里达的'Give Kids The World'中的疑难病症患儿家庭欣赏到日本独一无二的传统文化，因为日本拥有灿烂的文化；第二个，我衷心希望你能在日本开展像我们这样的活动。日本也好，亚洲也好，一定也有许许多多疑难病症患儿及其家庭。我希望你能给予他们梦想与勇气。"

亨利先生的美丽心灵让我深受感动，我当场热泪盈眶。

于是，我怀揣着亨利先生布置的两个"作业"，回到了日本。

Part 5

地地道道的笨蛋

回到日本后，我被上司狠狠训斥了一顿。其实，我是"翘"了出差时预定参加的一个会议，才得以腾出时间去见亨利先生的。因此被骂也是理所当然。

作为补救的借口，我把在"Give Kids The World"与亨利先生的谈话经过报告给了上司。但上司对此的看法想必是"为什么自说自话地去做公司根本没有布置的工作"之类。虽然当时的我真的打心底以为"这正是我们公司必须从事的事业"。

在"Give Kids The World"的慈善设施中，你随处能感受到这些深深喜爱迪士尼乐园的孩子们的生命印记。

比如，在"Give Kids The World"中的小教堂里，放着让孩子们自由留言的笔记本。我来介绍一段可能是一个女孩子写下的留言吧。

> 现在，我想谢谢我得的病。
>
> 一开始，我一直想：为什么？为什么偏偏是我？
>
> 我真的好不甘心，好不甘心。
>
> 不过，现在我不这么想了。
>
> 我想对我的病说声"谢谢"。
>
> 要问为什么的话，是我的病让我懂得了一个道理。
>
> 我的家人对我是这么的好。
>
> 我的病，给了我全家人的温柔。
>
> 因此我谢谢老天让我得病，而不是让我的弟弟、姐姐、爸爸或妈妈得病。
>
> 我现在好幸福。

我认为，这正是一个人"活着"的真谛，也是"美丽人性"的体现。这个孩子的家人看到她的留言，想必会感到幸福吧。

就像这样，记录着许许多多的患儿及其父母的真挚心语的笔记本，一直被保管在"Give Kids The World"的慈善设施中。

而且，在"Give Kids The World"，有一个房间的天花板被许多的星星所装饰。每一颗星星上都写着一个曾经在该慈善设施逗留过的孩子的名字，这都是每个孩子自己写好贴上去的。即便有的孩子如今已经夭折，但写有他名字的星星仍然在那里。这也表明了"Give Kids The World"的态度——永远不会忘记每一个孩子。而那些失去了孩子的家人仍会再次来到这个房间，一起回忆孩子生前的点点滴滴。

赞同其理念与态度的个人及企业的捐赠是"Give Kids The World"得以维持的资金来源。而属于各年龄段、来自各行各业的人们齐聚一堂、齐心协力开展的志愿者工作，则成了"Give Kids The World"得以运作的动力所在。

回国后，我立刻着手于亨利先生所布置的"作业"。

亨利先生对于我的第一个期望，即"希望能让位于佛罗里达的'Give Kids The World'中的疑难病症患儿家庭欣赏到日本独一无二的传统文化"，正好在一年后实现了。

我当时找到了枥木县的一家幼儿园的园长，与他商讨相关事宜。我对他说，我想让与病魔作斗争的美国孩子们感受到日本同龄人的活力。最后这个心愿得以促成——20多名日本孩子远赴重洋，在佛罗里达演奏了日本太鼓（日本太鼓，日本人称"和太鼓"，是一种日本的传统打击乐器。——译者注）。日本太鼓深邃而有力的音色，响彻在美国的孩子们及其家人的心中。

除了在"Give Kids The World"演奏外，他们还在NASA（National Aeronautics and Space Administration，美国国家航空航天局。——译者注）和迪士尼世界的舞台上成功演奏。

剩下的问题，就是如何实现亨利先生的"希望你能在日本开展像我们这样的活动"的期望了。

招待疑难病症患儿及其家人在东京迪士尼乐园附近住宿，带他们去园内游玩，请他们品尝美食及观光周边景点，并为患儿举办生日派对等活动。我向我的上司及公司高层讲述了我这样的设想，结果他们反问道："这是我们公司目前应该做的事吗？"对我的想法没有表示认同。

虽然我提出了事业项目计划，也有几个人协助了我，但这个点子最终没能在公司内引起广泛共鸣。

我陷入了深深的徒劳感之中。不仅在美国，日本也好，亚洲也好，同样有许多打心底喜爱迪士尼乐园却无法亲身体验的孩子们，可我却没法招待他们……

我想起了亨利先生教给我的一个道理："判断你是否真正活着的标准，是你是否把自己所拥有的给予别人。因此我觉得自己的使命或许就是成为连接患儿与米老鼠的"纽带"。可当时的我却败在了起跑线上。

等等，我似乎错在了关键环节。这是"我"的使命。

而对公司而言，这或许并非是必须要做的事。

或许惊觉自己"必须去做"的人，才是从事该事业的最佳人选。

"为了给疑难病症患儿及其家庭打气，我要辞去公司的工作，创建一个慈善团体。"

直到即将步入不惑之年时，我才想明白这个道理。

然而，我并没有立即付诸行动。因为我仍心存迷惘，或者说，我还没有做好思想准备。一个词可以准确地形容我当时的心境——恐惧。

而刺激我下定决心的因素，已经在前面提过，是在关闭一个场馆设施时，客人对我们表达的谢意。

那时，我深刻认识到了自己的"无力"。在那之前，我一直认为我是依靠自己的力量完成各项工作的，但其实我完全错了。我领悟到，如此"无力"的我唯一能做的，是为疑难病症患儿及其家庭打气。

比起将来的不确定性、资金方面的困难以及计划可行性等方面的问题，当时在我脑中盘旋最多的问题是"如何才能让许许多多的患儿及其家人展露笑颜"。

最近，越来越多的人开始关注我们的慈善活动，于是我们的宣传机会也多了起来。前一天，有一位企业家对我说：

"你这人，是个地地道道的笨蛋呢。"

也许他并没说错。当我辞去公司的工作时，我的妻子和孩子也这么评价过我。

当时我根本没有运转资金。

如何建立团体，如何找到疑难病症患儿，如何与患儿家人取得联系……那时的我真的是毫无头绪。

然而，如今我创建的团体已经累计招待 50 户以上的患儿家庭参加了"Wish Vacation"活动。并且参加活动的家庭数每个月都在稳步增长。

而赞同我们理念的个人及企业人员已经超过 3000 人。

至于上面提到的那位企业家，他的话还有下文，他接着笑着说到："看到这种地地道道的笨蛋，总是让人不禁想为他打气啊。"

CHAPTER 6

想 告 诉 他 们

"你 并 非 孤 单 一 人"

Part 1

什么是自己所能
提供的"价值"

　　招待疑难病症患儿及其家人来迪士尼乐园游玩。要想持续这样的活动，资金当然是不可或缺的。

　　关于运营资金的问题，我当时首先想到的是"捐助"。但同时我也明白，在日本，对此不能抱有太大希望。

　　因为在日本，捐助的文化并没有生根发芽。这点从税制上就能体现。与美国不同，在日本，即便企业对非营利团体进行捐助，在许多情况下也无法获得相应的税费减免等优待。尤其是在法人纳税的情况下，在计算法人税时，"捐款"与"交际费"相同，其能够算作经费支出项目的额度是有一定限制的。即便企业有意愿进行捐助，但其被扣的税额将近于总额的一半，从而导致实际的捐款额大幅减少。不过，我们的团体于 2012 年 11 月成了"公益社团法人"，因此在税费扣除方面有了根本的改善。实在是谢天谢地。

并且，在创建该团体后，我渐渐认识到了另外一个现实瓶颈——在日本，像我们这种非营利团体具有结构上的问题，从而导致在资金方面较为艰难。

在美国，非营利慈善团体的组织分工明确。比如，"Give Kids The World"的活动内容为招待疑难病症患儿及其家人，让他们住宿在该组织的设施中，并且带他们去迪士尼乐园等地游玩。换言之，他们的运营工作主要围绕着这些现场的活动。

至于筹措资金的工作，则属于"筹款"范畴，由别的组织开展。在美国，有这种帮助非营利团体向各企业及个人筹款的专业组织。相关的专业人士会从全世界募集资金，因此效率极高。这使得运营具体慈善事业的团体不需要为了筹措资金而烦恼，只要与专业的筹款机构进行商洽，便能有效地获得运营所需的经费。

不仅如此，"Give Kids The World"所招待的疑难病症患儿家庭不但数量众多，而且遍及全世界49个国家。之所以能够做到这点，是因为有另外的组织负责管理疑难病症患儿及其家庭的信息，这类专业组织的信息网络遍及全世界，从而能够准确找出当前有必要参加"Give Kids The

World"活动的对象家庭。换言之，有专门的组织负责管理"Give Kids The World"的"顾客名单"。

像这样，负责"活动""筹款"与"顾客管理"的三个独立组织互相合作，使得许许多多的患儿家庭展露笑颜，也使得志愿者及相关爱心人士获得幸福感。

然而很遗憾，这样的组织结构在日本并未形成。因此我们的团体"照亮疑难病症患儿及其家庭的梦想"必须负责"Wish Vacation"活动的运作、资金的筹措和患儿及其家庭的信息管理，这一切都得我们自己包办。这便是我们所面对的现实状况。

在日本，从事与孩子相关的慈善活动的非营利组织，据说有 200 家左右。这个数字并不算少。如果这些组织能够协作联动，以"尽量为更多的孩子们打气"为目的而形成一个整体化的体系，那该有多么美好。

明明有许许多多的组织都在努力地开展活动，他们都希望让每个因身患重病而感到不安的孩子能够展露笑颜。但在现实中，这些组织都无法取得较大的成果，我认为其原因就在于各组织间缺乏横向联系。

至少可以肯定的是，大家如果齐心协力，那一定能比现在做得更好。所以说，许多现状必须要改善。

而我则没有时间去等待所有这些状况都得到改善的那

一天。我迫切想要实现与亨利先生的约定，要是我止步不前，那么留下没能去迪士尼乐园的遗憾而离开人世的患儿就会不断增加，这一个又一个逝去的生命让我如坐针毡。

所以我绞尽脑汁，思考如何才能建立一个能够获得稳定资金来源的体系，也就是所谓的"商业计划"。这种想法，在日本的福利团体中或许很少。换句话说，像我这样的属于"非正统派"。

不过，我的思维方式是简单明了的。要想获得资金的话，那就要思考我们能为别人提供怎样的"价值"。而我确信，只要让疑难病症患儿及其家人尽量多地与社会接触，那么他们的存在价值一定会被社会所认可，而大家也一定能在与他们接触的过程中有所收获。

问题在于，要如何在创造这种机会的同时获取资金呢？

于是，我把自己之前所取得的大小成就，与今后要做的事一一罗列，写在了一张又一张的便签上，然后把这些便签都贴在一张大尺寸的绘图纸上，进行整理。

通过这种方式，最后浮现出的关键词是"人才培养"和"研修"。

我作为一个白领在组织中工作时，曾经从事过临时工和正式社员的研修指导工作。也就是说，在迪士尼员工的人才培养方面，我具有现场的实际经验。

能否灵活运用这个专长来为别人发挥作用呢？

我似乎看到了一丝希望的曙光。

Part 2

突破 "志愿者的壁垒"

除了获得捐助和收取合作会员会费之外，我可以利用之前的经验来举办企业研修之类的人才培养课程。通过这两方面的运作，或许就能使"招待疑难病症患儿及其家人来迪士尼乐园游玩"的活动得以持续进行。

这是我力所能及的唯一解决方法了。

对许多企业而言，人才培养是非常重要的课题。如果企业没有一个能够让员工充分发挥自身能力的环境，则企业就无法成长。然而在如今各行业局势不明朗的大环境下，应该让员工参加何种研修，成为让企业内的培训负责人常常烦恼的问题。

即便想激起员工的工作热情，让员工重新审视自己，在日常工作中充满活力，但如果无法消除员工对自己将来的不安的话，研修就会成为一种 "挂在嘴上的空谈"，无法打动员工的心灵。

以制药公司为例，经常来往于各医院及诊所的医药业务人员，他们平常并没有与患者直接接触的机会。然而，如果不了解自己企业所生产的药物对于患者能发挥什么作用，就无法以十分的热情去投入工作。对于这些业务人员而言，真正有价值的应该是患者服用药物的 "治疗第一线"。

可现实情况却是，相关的业务负责人只是聚在研修室看 DVD。有时 DVD 的内容是 "被疾病折磨的可怜患儿"等。通过这种间接的方式，能够获取的心得可谓少之又少。

有的企业还会让员工去拜访敬老院，让他们和里面的老人谈话，对老人进行一时的照料，和老人们一起唱歌，等等。在回去的路上，员工们感到自我满足："今天当了一回不错的志愿者呢。"然后一起笑呵呵地去喝酒……他们好不容易 "深入基层"，却往往不会把这样的活动坚持下去。

很明显，像这种 "随便体验一下"的走马观花式的研修活动，对任何一方都是毫无帮助的。也正因为如此，许多企业在人才培养的过程中，感受到了 "无形的壁垒"。

而我们举办的研修活动，其目的之一便是突破这种壁垒。换言之，我们的研修理念是"现场主义"和"持续主义"。这与别人的志愿者活动完全不同。

　　参加我们的研修活动的人，必须实际陪同疑难病症患者。因此他们会感到肩上的责任，从而拼命开动脑筋。在迪士尼乐园内游玩时，我们组织方的人员是不予陪同的。因此经常有参加者对我们感叹："如此让人紧张的研修活动，真是头一次参加。"

　　当然，我们组织方会随时待命，以保证在出现突发情况时能够立刻赶到患儿身边。迄今为止，这套机制还没出现过问题。

　　而在我看来，让这些"新手"承担陪同工作，正是研修的意义所在。能让患儿一家真正感到高兴的因素，并非是把他们在迪士尼乐园"伺候"得舒舒服服的专业级待客服务，而是一边以"不要紧吧""有什么我能做的吗"之类的话语与他们真挚交流，一边陪着他们一起逛的普通人。换言之，让社会上的普通人与他们共同相处、直接交流，这才是价值所在。

　　负责陪同工作的研修人员往往会说："一开始完全不知道自己该怎么做。"这种反应是自然而然的。习惯与疑难病症患儿打交道的普通人本来就是少数。但即便如此，他们那种"我或许做不了什么，但我会为了你们拼命努力"的真诚态度，却是让患儿一家感动和幸福的决定性要素。

事实上，迪士尼乐园的员工亦是如此。他们并不具备一流宾馆服务生的专业待客水平。许多人在脱下工作服后，就是一个普普通通的打零工的大学生。但他们努力打扫、带游客去洗手间等真诚的服务态度，却能给游客们带来幸福感。同时，这些员工自身也在该过程中得到了成长。我们的研修目标之一，便是让参加者像迪士尼员工一样，通过实际工作来体验幸福与成长的感觉。

正因为不知道该怎么做，所以才会频繁地与患儿家庭进行交流。有的患儿家庭在事后反馈时提到"这样很有人情味，让我们很高兴"。据他们说，之前与其他机构的志愿者接触时，总会感到有点不自在。

我们之所以故意不提供"无微不至"的"包办式"服务，其目的之一便是希望营造这种"富有人情味"的交流氛围。

而且，对疑难病症患儿及其家庭而言，"Wish Vacation"是一座让他们与参加研修的各企业员工之间相知相识的桥梁。通过这座桥梁，我希望向疑难病症患儿及其家庭传达一个讯息："你们和我们一样，都是社会的一员。"而双方的持续交流则是关键所在。即便活动结束、时间流逝，参加研修的各企业员工还是会在患儿生日时一起在彩纸上写上祝福，或在圣诞节时送上礼物，等等。双方的情谊一直延续，而非一面之缘的短暂关系。

也就是说，"Wish Vacation"仅仅是一个开端、一个契机而已。

我觉得，这正是常常会陷入孤立的疑难病症患儿家庭最需要的东西。

Part 3

共享感悟

在策划企业研修项目时，有一点至关重要。参加人员通过从事迪士尼乐园等地的陪同工作而获得了体会和感悟，问题是如何把这些收获在他们以后的工作及生活中灵活运用起来。

通过体验与日常工作所不同的事物，参加者会感悟不少原来一直忽视的道理。不过，如果不对这样的感悟进行跟进式的二次激发，这些好不容易获得的感悟就会逐渐被淡忘。并且，由于研修是多人共同参与的，如果能互相共享彼此的感悟，想必会让大家得到二次启发。

因此，基于该理念进行思考，我们得出了该项目目前的运作方式：让活动参加者上午陪同患儿一家在园内游玩，下午则组织活动参加者在会议室进行讨论，回顾上午的体验。通过这种方式，能让这一次的研修活动成为对每个活动参加者而言非常有益的学习过程。

并且，就如前文所述，在下午的研修活动中，会灵活运用一桥大学的野中郁次郎教授所提倡的"SECI 模式"。我是在拜读了野中教授的著作《知识创造企业》（该书书名亦被译为《知识创造公司》，被称为是日本有史以来最重要的管理学著作。——译者注）后，第一次知道了该模式，野中教授的理念让我醍醐灌顶。

SECI 模式总结了如何在组织内部共享知识及如何灵活运用共享知识的问题。把个人或集团凭经验和直觉所拥有的"隐性知识"进行共享，并把其转换为所有成员都能灵活运用的"显性知识"的过程，便是该模式的焦点所在。

在日本的企业中，存在着许多"不成文规定"和"通过观察来体会"的隐性知识，如果把这些隐性知识进行结合，使其实现"内部升华（自我内化）"，则该组织便能发挥创造力，并产生新的价值。这便是野中教授所提倡的理论。

而我们的研修活动便基于该模式开展：首先让每位参加者发表关于"自己通过在园内的陪同工作，感悟到了什么"的课题，并找出能概括所发表内容的关键词。然后，参加者们通过评价别人感悟到的内容来深化课题。于是，

"患儿及其家人是怎样的人""他们及我们为何会采取那样的行动方式"等问题的答案便会渐渐明了。通过假设的方式，探讨各种现象的"本质"，来实现对各种问题的深入挖掘。

最后，让每位参加者思考一点：如何把通过该讨论所获得的感悟灵活运用于今后的实际工作生活中。我们会让每位参加者进行总结并制定行动计划。

关于如何才能开展基于 SECI 模式的全新研修活动的问题，我曾经向野中教授请教过。野中教授对我们的活动宗旨表示赞同，并且亲自给予我们指导。如果只依靠我在迪士尼所积累的经验，是无法策划如此颇有成效且深入本质的研修项目的。我对野中教授实在是感激不尽。

Part 4

每个人都是主角

如今，我们所组织的"Wish Vacation"活动基本定为"两晚三日"。如果在东京举办的话，则在活动的第二天去迪士尼乐园。至于其他的日程安排，得益于社会各界的协助，使得我们能够为患儿及其家庭准备丰富的活动项目。

其中有一个能让患儿一家感到非常高兴的活动项目，它便是美发店。说实话，对于许多患儿家庭而言，似乎美发店这个项目比游玩迪士尼乐园更让他们感到满足，作为一个曾经的迪士尼老员工，这还真让我心里感到有些遗憾。

一家人一起做头发，神清气爽、心情舒畅，自然让他们感到快乐。平时把时间都花在照顾患病孩子身上的母亲，根本没有时间打扮自己。而这样在美发店把头发弄得漂漂亮亮后，孩子们往往会说"妈妈变漂亮了"，母亲则会露出幸福的微笑。

　　多亏了美发店方面的协助，该活动项目才得以实现。店内的美发师们以志愿者的身份，免费为患儿一家做头发。不仅如此，他们为了让孩子能够高兴，还把店里重新装饰一番。明明店内是面向成年人的时尚装潢风格，却在迎接患儿一家到来那天到处点缀着与店内风格不太相符的面包超人（《面包超人》是由日本漫画家、绘本作家柳濑嵩所绘制的一系列以同名主角"面包超人"为中心的作品，另有同名动画。——译者注）、布偶和气球等充满童趣的装饰物。

　　我认为该项目在美发店的人才培养方面也能发挥作用。

　　曾经发生过这样一件事。一位父亲看到好几位美发师围着自己的妻子和身患重病的孩子进行交流，竟然哭了起来。我能了解他的感受——孩子长期住院，而妻子几乎一天到晚都得照顾孩子，所以他们很少有机会能像这样与社会"正常"接触。

　　而看到这一幕的美发师们也无不落泪。他们或许感悟到，自己平时的工作竟然真能带给别人如此的幸福。重要的并非仅仅是理发技能和造型技巧。他们通过这样的活动，感悟到了自己工作的"本质"。

　　除此之外，我们还安排了其他的活动，比如给患儿一家画全家福像；请他们去寿司店吃一顿；有时还会带他们去孩子大人都喜欢的菠萝面包专卖店。多亏了各店铺的慷慨相助，这些活动才得以实现。

我曾经在"Wish Vacation"活动日程中盲目地添加了过多的项目，而现在则不同，我在策划活动时会思考怎样才能让参加活动的患儿家庭真心感到快乐，从而精选出活动项目。为了创造最美好的邂逅，每次我都会绞尽脑汁。

如今，不仅限于东京，我们在大阪也开始定期举办"Wish Vacation"活动了。在大阪时，我们会招待患儿家庭游玩日本环球影城。园内陪同工作自然由志愿者负责，而研修活动也在切实开展。

大阪不愧是富有人情味儿的城市，人们都很热心。我从关西人身上学到了许多东西。一次，我与一些关西籍的企业家聚在一起商洽慈善活动时，他们对我说："这事儿和赚钱赔钱没关系，这是作为一个人必须做的事！"他们还说："不要见外，有什么需要尽管开口。"这份热情和行动力让我数次感动落泪。每次想起，都让我感激不尽。

我们在吉田先生捐赠的 10 座面包车前合影留念。

车前部有他的手印和签名！

顺便说一下，我们在关西开展"Wish Vacation"活动时，会从东京开着车去大阪。以前我们的活动用车是一辆已经跑了24万公里的破破烂烂的旧面包车。那辆车是一位爱心人士以极低的价格转让给我们的。

而现在，我们开的是一辆崭新的10座面包车。不得不提提，这辆车可是入选国家队的日本球星DF（后卫）吉田麻也于2012年夏天捐赠的！

吉田先生曾在伦敦奥运会上表现活跃，后又加盟世界顶级联赛——英格兰足球超级联赛旗下的俱乐部，且在所效力的俱乐部表现出色。事实上，他不但赞同我们的活动理念，还亲自与疑难病症患儿进行交流，并且一直持续支持我们的活动。

他所捐赠的这辆车上印有他的签名和手印，这真是我们组织方的骄傲。

要知道，直到大学时代，我的人生理想都一直是成为一名职业足球运动员。对曾经在少年时拥有过"足球梦"的我而言，像吉田先生这样能在英格兰足球超级联赛踢球的日本人，完全就是英雄一般的人物。

获得了如此的鼓舞，我更加不敢懈怠。

Part 5

Parents Permanent Dialogue

在美国的"Give Kids The World"中，有一项名为"Parents Night（父母之夜）"的活动。换言之，就是让父母重回二人世界的活动项目，非常有爱。

该企划的初衷，是考虑到患儿父母平时由于忙于照顾患病的孩子而难以两人单独外出，因此工作人员负责照看孩子，从而给患儿父母创造重温二人世界的机会。该活动还有一层意义，即让患儿父母通过回忆过去的甜蜜，来找到两人结合的原点。

实际效果也确实不错，患儿父母一起驾车去餐厅用餐，仿佛回到了婚前的热恋时光。

我认为这正是在日本也应该开展的活动。可不知是否是由于害羞的国民性，日本的夫妇之间往往不会积极地相互吐露自己的心境。而那些整天埋头于照顾患病孩子的夫妇们自然愈发有这种倾向。正因为如此，我觉得给予这些患儿父母重温二人世界的机会，其意义更为重大。

然而，实际却并非如此。我尝试着在日本开展"Parents Night"活动，但却完全无法顺利推行。

当我第一次向患儿父母提议"Parents Night"活动时，便遭到了拒绝。他们谢绝说："不，不用费心了。"即便如此，我也实在不想浪费难得的机会，于是便半推半就地把他们送出宾馆大门。可结果，他们却回到宾馆一楼的大厅里喝咖啡。当我询问缘由时，他们回答道："我们不能离开孩子，也没有必要离开。"

我也试着向其他患儿父母提议"Parents Night"活动，结果他们的反应都如出一辙。任凭我向他们提出各种建议："如果给你们二位一整天独处的自由时间，你们会如何安排呢？比如去购物或看电影如何？"他们的回答却大都类似："我们想和平常一样，和孩子待在一起。"

这便是这些父母的真心话吧。于是我明白了，即便硬把他们和自己孩子分开，也是没有意义的。至此，我终止了"Parents Night"的活动策划。

日本人和美国人的国民性果然不同。我认识到，必须策划更为适合日本人的活动项目。

于是，我着手开展了名为"Parents Permanent Dialogue（父母之间的持续对话）"的活动项目。

该活动在"Wish Vacation"的夜晚进行，一共进行两晚，每晚花费大约一小时时间。活动内容为倾听患儿父母的倾诉。内容包括两人的邂逅、结婚、孩子出生、孩子发病以及未来构想。我们请患儿父母按照时间顺序娓娓道来，而我们则主要负责倾听。

一个人在何时才能感受到"自己并非孤独一人，而是作为社会的一员生活着"呢？我认为，是在有人认真倾听自己的倾诉时。因此，我们会认真而安静地一直倾听。

我启动该活动项目的契机，是源于美国的"Give Kids The World"中相互邂逅的患儿母亲们之间所发生的一幕。这些母亲在白天表现得活泼开朗，可到了夜晚，这些之前素不相识的母亲们却抱在一起哭泣。或许是因为她们心中郁积着太多需要倾诉的东西，而大家又同病相怜的缘故吧。

"那让我们也倾听一下你们的倾诉吧。"于是，"Parents Permanent Dialogue"活动项目便基于这样的想法而启动了。

从患儿父母口中说出的真实故事，每一次都让我们这些听者感到震撼。不过这也是理所当然，毕竟这些故事代表了他们的人生印记。

在"Wish Vacation"的夜晚倾听患儿父母倾诉的

"Parents Permanent Dialogue"现场。

在经过倾诉者本人许可的前提下，我们还会让参加"Wish Vacation"研修活动的人也来参加"Parents Permanent Dialogue"活动。结果这一部分变成了研修活动的高潮所在。我们还通过录音和录像记录了这些资料并加以归纳整理。这成了我们的宝贵财富。

有的父母虽然从理性上已经接受了孩子患病的事实，但从感情层面上还没有平复。一次，我询问一位母亲"当得知孩子病情时的心情及当时的情况"时，那位母亲突然哭了起来。当时现场一片寂静，再也没法往下问了。

第二天早晨，当我去向那位母亲致歉时，她却反过来谢谢我。她的孩子患的是小儿癌症。经过与病魔艰苦卓绝的斗争，孩子总算实现了来迪士尼乐园游玩的愿望。但她说："一想到那些与病魔作斗争的艰苦日子，至今还会感到不寒而栗。"而且她还害怕孩子的疾病会复发。

她还告诉我，昨晚回到房间后，他们夫妇俩又再次谈起了当时的苦日子。虽然一直尽量不让自己去想有关孩子的疾病的问题，但心中总是有个解不开的结——或许现在只是一时的风平浪静，孩子的病随时都有可能复发。这样的心理的确可以理解，但现实就是如此——必须直面恐惧，继续生活下去。

"我和老公已经能够做到去直面与接受之前的痛苦岁

月了。"

这位母亲最后这么对我说。

我想进一步改良该活动项目，使其更好地为患儿父母所用。基于此想法，我决定依靠大学的科研力量，向专门研究 "对话" 的教授讨教，从而实现对 "Parents Permanent Dialogue" 活动的改良升级。我还计划将来在相关学会中发表研究成果，使该活动项目更加具有价值。

虽然历经了许多尝试和失败，但如今 "Parents Permanent Dialogue" 活动已经成为 "Wish Vacation" 中不可或缺的项目。

而作为患儿父母听众的研修参加者，其收获亦是巨大的。许多研修参加者都说自己从中获得了勇气，明白了当打破日常生活的考验来临时，自己该如何面对；明白了在艰难困苦的日子中，自己该如何克服与度过。

前几天，一位在大阪参加研修的年轻女士在听了患儿父母的倾诉后，顿时泪如雨下。她说她当时感触很深，非常羡慕一个小家庭所孕育出的温暖亲情。

家庭，是世界上最小的组织，却也是世界上最坚实的纽带。而这位参加研修的年轻女士感悟到了这种平凡的小幸福的珍贵。

这位女士受到了这样的激励后，竟然去向自己的男朋友"倒求婚"了！

至于结果，据说男朋友的回答是"给我一点时间"。

不管最后这两位是否步入结婚礼堂，这个例子告诉我们，一个人的真实故事往往会给听者以巨大的影响力，从而激起听者付诸行动的勇气。

在本章最后，我想介绍两则"Wish Vacation"参加者的感言。

两则感言分别来自作为志愿者参加活动的企业员工和应邀来迪士尼乐园游玩的患儿一家。

"Wish Vacation" 参加感言①

林秀树 先生 Eisai 株式会社（总部位于日本东京的一家制药企业。——译者注）副社长执行董事

我在迪士尼乐园内陪同的是一位坐在轮椅上、名叫HARUMO 的可爱小女孩以及她的家人。我对他们说"让我来吧"，然后便从她的父母手中接过了推轮椅的任务，这时她的父母因为双手有了空闲，于是就牵着 HARUMO 的手，和她并排走。她的父母对我说："这在平时是无法实现的，真的好高兴。"

我觉得像 "Wish Vacation" 这种为患儿家庭提供幸福时光的活动实在是太棒了。对于我们这些制药企业的员工而言，能与患儿及其家人直接面对面交流，也是非常宝贵的经验。它激发了我们的工作热情，促使我们开发出更好的药。

而另一方面，我们也陷入了深深的 "无力感" 之中。这是因为那位小女孩所患的疾病——黏多糖贮积症（黏多糖贮积症是由于人体细胞内降解黏多糖的水解酶发生突变而导致的疾病。黏多糖不能被降解代谢，最终贮积在体内，从而引发疾病。——译者注）。黏多糖贮积症是一种酶素缺损症，该疾病的某些类型目前已经有了有效的治疗药物，但 HARUMO 所患的是 "3 型"，目前还没有有效的治疗药物。这样的 "无力感" 让我认识到，今后必须对药物研发系统进行变革，以确保患者数较少的 "罕见类型疾病" 也能获得有效的药物治疗。

我们 Eisai 株式会社之前一直在全日本各医院开展 "去疑难病症患儿的病房看看，听听他们的梦想" 的活动。我们的员工曾拿着用瓦楞纸做的面包超人去慰问那些患儿，结果孩子们非常开心。于是，我们企业的一名员工希望带给孩子们更多的活力，在第二次去同一个地方慰问时，特意打扮成面包超人的样子。然而，当时病房的一位患儿病情恶化，已经转入了重症监护室。那名员工站在患儿父亲的背后，而那位患儿父亲在一旁竭尽全力地照顾自己的孩子。我们的那名员工望着患儿父亲的背影，似乎明白了他要传达的想法："你的好意我心领了，但请不要再来打扰我们了。"这让那名员工陷入了"无力感"之中。

不过，正因为有这种与患者直接的交流体验，才能让我们在从事制药事业时，能够抱着真诚和认真的态度。

虽然我们企业力量有限，但我们希望能尽一份微薄之力。这并非单纯基于 CSR（企业的社会贡献）理念，而是我们企业的立足点。

"Wish Vacation" 参加感言②

及川笃 先生、智惠 女士

我们一家是在 2011 年 7 月参加"Wish Vacation"活动的。我们是一个五口之家，人不算多，可在游玩迪士尼乐园时却有许多志愿者陪着我们，这让我非常开心，当时我笑着说："这么棒的迪士尼游园体验，真是做梦都没想过啊。"我们一家住在东京都江户川区，离迪士尼乐园很近，可考虑到孩子的病情，我们一直没能带孩子去迪士尼玩。

当孩子得知能去迪士尼乐园时，真的非常高兴，还说为了能去迪士尼乐园，会乖乖打针、听医生的话。

在治疗过程中，孩子自身非常不容易，而作为其支柱的家人也很辛苦。有人能关心像我们这样的家庭，并为我们打气，这让我们非常感激。通过向你们倾诉，我们拥有了积极的人生态度。在迪士尼游园活动结束后，我们看了你们的博客，上面记述着你们的研修体会，在提到我们一家时，你们这样写道："这一家人，与其说是在与疑难病症作斗争，不如说是以'接纳'疑难病症且"与之共存"的方式生活着。"居然有人如此理解我们，这真是让人高兴的事。如今，即便碰到生活中再多的艰难困苦，只要重读你们博客上的这番话，我们便能获得激励和勇气。

有病残儿童的家庭，往往会垒起一座"高墙"，把自身与外界隔离起来。然而，大住先生和您的团队，还有那些志愿者们，却主动"破墙而入"，走入我们的生活中。你们亲切地叫着我们孩子的小名"小高！小高"，这让我们好高兴。在进行"Parents Permanent Dialogue"活动时，一开始我们有点诧异：连这些事情都要问？不过能向你们倾吐心声，让我们心中的苦闷得到了一点释放。

我们的孩子小高虽然努力与病魔作斗争，但很遗憾，最后还是没能治好。但小高的妹妹和弟弟却在迪士尼游玩活动的美好回忆中获得了勇气，如今每天精神抖擞地上学，并且非常努力。

在小高身体状况不佳时，我们用相机记录下了弟弟妹妹在病房和小高在一起的影像。我们能够有勇气记录这种状况下的影像，或许也是因为"Wish Vacation"给了我们直面病魔的勇气吧。换作以往，如果小高病情恶化，我们父母是不敢让弟弟妹妹进病房的。因为不想让弟弟妹妹看到小高痛苦的样子，天底下做父母的也许都会这么想吧。在医院，我们也目睹了与我们境遇相似的家庭。即便如此，我们能有勇气在那种情况下拍下三个孩子的合影，还是让我们感到欣慰。

CHAPTER 7

"钻牛角尖" 就是力量

Part 1

"可笑的家伙"的潜力

"我是宇宙正义使者！飞向宇宙，浩瀚无垠！"

可能很多读者对这句台词很熟悉，没错，这是迪士尼电影《玩具总动员》中的登场人物巴斯光年的著名台词。

虽说是登场人物，但其实巴斯只是个玩具。在电影中，他被设定为剧中的虚构动画《宇宙正义使者巴斯光年》中的同名主角的商品化玩具。在电影中的少年安迪生日时，他的父母把这个"高科技"的玩具送给他当礼物。

然而，巴斯并没有意识到自己只是个玩具，他钻牛角尖似的认为自己就是维护宇宙和平的货真价实的"宇宙正义使者"。他以为自己能够像《宇宙正义使者巴斯光年》中的同名主角那样在空中自由飞翔，可实际上当然是飞不起来的。

即便如此，他还是意气风发，发誓要维护宇宙的和平。

说实话，我最喜欢的迪士尼卡通人物并非米老鼠，而是这个巴斯。因为这家伙的性格实在与我太相似了——"爱钻牛角尖，一根筋到底"。每次看到这样的巴斯，就让我苦笑不已，但同时在心中又会涌起浓浓的亲近感。当然，我也喜欢米老鼠，但巴斯对我而言，是"放不下"的家伙。

"钻牛角尖"一般被认为是不好的行为。

如果一个人认为自己能够在天上飞，那自然会被嘲笑。

我们对孩子也是如此，如果一个孩子死钻牛角尖，我们的家长往往会对其进行批评教育："你要现实一点！""等你长大了就会明白了。"

道理是完全没错的。

当我回顾自己过去的人生时，常常会因为自己钻牛角尖的经历而脸红。所以，我没有资格去对别人讲什么"钻牛角尖是不好的哦"之类的大道理。

如今，许多学生在求职时，都无法进入自己理想的企业工作。有的学生甚至找了 1 年工作、应聘了 100 多家企业，最后都未能入职。可是，当问他们都应聘了哪些企业时，他们口中说出来的尽是些知名的大企业，而应聘的岗位则是五花八门。

面对这样的毕业生，学校老师或学生就业指导中心的人员或许会这样教育："你们要抛弃非大企业不去的想法，别钻牛角尖。"

不知道自己想做什么，而是没头没脑地去一家家大企业应聘，这样当然不会被录用。

但即便如此，我仍然认为不能一概而论地把钻牛角尖看作是不好的行为。

对我而言，钻牛角尖有时能成为"宝贵的力量源泉"。

在我身为上班族时，亦是如此。说来惭愧，当时我在工作中，有时会一边"大言不惭"地说"这样绝对不会错"，一边像愣头青一样拼命。这种事情，干过绝对不止一两次。

当我要辞职时，一位上司对我说："大住君真是让人羡慕。你一直都在做自己喜欢的工作。从某种意义上来说，在一个组织中，像你这么有福气的人可是很少的哦。"很遗憾，我或许真的是"身在福中不知福"，有时我会死钻牛角尖，把认定是自身职责的工作内容在公司里"强推"，不撞南墙不回头。

而我如今从事的慈善活动，也是源于"钻牛角尖"。

我通过纪录片《NHK 特集》知道了"Give Kids The World"这个组织，在与其创始人亨利·蓝德沃斯直接会面后，便像愣头青一样认定自己一定要为疑难病症患儿及其家庭打气。在前景不明、心里没底、计划未定的情况下，便辞去了在 Oriental Land 公司的工作。想必让我的家人没少操心。

亨利先生应邀来日本演讲时，现场人头攒动，许多被感动落泪的听众说"要是类似的活动也能在日本开展就好了"，但却没有人为之付诸行动，也没有人为之不懈努力。

因此，如果当时我不是那么爱钻牛角尖的话，或许一切都会无果而终。

我所说的"钻牛角尖就是力量"，其实就是这个意思。

如果各位读者的身边也有这种认定自己"一定要这么做"，乍一看有点钻牛角尖的人，请不要对他报以嘲笑，而应该倾听一下他的心声。如果他的话有打动你的地方，请你为他打气。

因为，千里之行，始于足下。

而周围人的关怀和支持，对这迈出的第一步帮助甚大。

Part 2

一定要成为职业足球运动员！

回想起来，我人生中的"钻牛角尖"历史，真可谓是"打死不回头"级别的。直到大学时代，我都一根筋地认为自己一定要成为职业足球运动员。

小学四年级时，父亲带我来到他们公司的运动场，当我看到运动场上汗水飘洒、英姿飒爽的球员时，就开始钻牛角尖了——我认为只有踢足球才是我的使命。我当时看到的那位球员是父亲的属下，也是 JFL（日本足球联赛）的球员。我当时觉得，要想变得那么酷，就只有踢足球才能实现。（虽然在那之前我崇拜的是棒球选手长嶋茂雄，立志成为一名职业棒球运动员）

于是，我开始了与足球形影不离的日子。在我们一家因为父亲的工作调动而搬到东京之后，我便加入了当地的足球爱好者俱乐部，进入高中后，我加入了校内的足球部，还成了队长。不过说实话，我所就读的高中并不怎么重视体育，因此足球部也较为弱小。当时 J 联赛（J 联赛，是日本最高等级的职业足球联赛系统，由社团法人日本职业足球联赛所主办，于 1993 年举行首届赛事。——译者注）都还未诞生。

当时，我以釜本邦茂（釜本邦茂是日本足球运动员，也是前日本国家足球队成员，被称为天才前锋。——译者注）为目标，埋头训练。我在体育场观看了釜本先生最后一次代表日本国家队出战的那场比赛，之后便成了他的"铁杆粉丝"。釜本先生保持着日本国家队球员中进球数最多的记录。不过，我的踢球风格根本不像釜本先生那么华丽。我在球场上总是不管三七二十一，姑且来回跑动。至于所踢的位置，一开始和釜本先生一样，是前锋，不过后来换成了后卫。准确地说，应该是如今所说的边后卫。也就是现在服役于国际米兰俱乐部的长友佑都所负责的位置，需要攻守兼备。边后卫的运动量很大，需要坚韧的毅力。

我所属的高中足球部总是在地区比赛中输球，但我却被选为了代表东京都出战的高中生足球队的球员。不过，由于在与我踢相同位置的入选球员中，有在后来入选"东京绿茵"（东京绿茵，英语为"Tokyo Verdy"，因此亦被译为"东京贝尔迪"，是一支日本足球队，属于日本职业足球联赛的球队之一。——译者注）的强手，所以我一直没能成为队伍中的正式球员。我确实是技不如人，不过当时的我坚信自己还有很大的成长空间。

在即将高中毕业、面临升学时，由于我的球员身份，有许多大学愿意保送接收我入学。其中也有来自名校的邀请，但我却一一拒绝了。要问为什么的话，那是因为我希望能像我的偶像——釜本先生那样去早稻田大学踢球。我当时心意已决，一定要穿着那身深红色的球衣踢球（深红色是早稻田大学的标志性颜色。——译者注）。现在回想起来。真是死钻牛角尖的典型。

然而，在早稻田大学的入学考试中，我却落榜了。之后我又复读一年，再次应考，结果又一次名落孙山。于是，我进了当时唯一愿意录取我的明治大学。

复读时疏于训练的我，在2月份得知录取消息后，便立即在位于东京八幡山的明治大学足球部训练场开始了训练。

由于之前为了高考而埋头应试复习，所以在一开始，训练对我而言真的非常辛苦。当时在学校中，那种"学长学弟"的上下关系还很严格，因此像我这种爱钻牛角尖且自以为是的家伙，尤其会受到学长们的"特别调教"。由于一年的空白期，导致我拼命努力才能跟上大家的训练节奏。但我却毫无自知之明，傻乎乎地玩命训练，结果身体发出了抗议——3个月后我的膝盖受伤，连走路都困难了。

当时，我家住在东京都内，离自由之丘较近的大冈山一带，我早上4点就要起床去八幡山。因为一早就要到足球部的宿舍给学长们做40人份的煎鸡蛋，这是我每天的任务。从车站下车，步行15分钟就能到宿舍。可在我膝盖受伤后，这一段路程要花费我将近1小时的时间。

有一天，我实在是无法忍受这样的生活了。

那天早上，我故意在电车上坐过站。明明必须按时在八幡山站下车的，我却一直坐到了京王线的终点站——高尾山。足球部的训练是严禁迟到的，我已经没法去了。可一想到每天早上4点起来为我做早饭的母亲，我又觉得没脸回家去。一筹莫展的我，便拖着膝盖受伤的腿一步步地往高尾山上走。

爬山当然会让膝盖疼痛，但当时我感到人生诸事不顺，因此精神上的痛苦也很大。

那天偏偏又天降大雨。我拖着腿走到半山腰的高尾山药王院后，实在走不动了，只得在院落内驻足。真的是走投无路的我，一个人孤坐在屋檐下放声大哭。

"怎么会变成这样？我该怎么办？"

去医院就诊后，整形外科医生说我是由于训练过度所致。大腿骨的前端有粉碎性骨折，并且碎片尖端导致神经及肌肉组织产生炎症。于是我5月份住院接受了手术，出院时已经是夏天了。

我已经没法成为像釜本先生那样的球员了。我决心退出明治大学足球部，并且竭力请求父母让我第二年再次报考早稻田大学。当时这么做的理由，或许只是想把自己失败的原因归咎于大学而已。

在这样的状态下，自然不可能获得理想的考试成绩，于是第二年，我又一次落榜。这让我彻底放弃了足球梦。

之前凭着钻牛角尖一路走来的我，遭受了如此巨大的挫折：无法在早稻田大学穿上那身深红色球衣，无法成为职业足球运动员。

从小学开始一直怀揣的梦想破灭，这让我眼前一片漆黑，觉得自己将来或许会一事无成。

现在看来，当时的我真是愚蠢之极。如果真有决心成为职业足球运动员，那么就不应该向区区一次伤病低头。事实上，那些顶级的球员，往往身上都有一两处伤病。比如知名球员中山雅史，他的膝盖就接受过4次手术。再看看我，一次膝盖手术就让我放弃了足球梦想。

不过，经过这次挫折，我却"依然如故"，未曾想过要改掉钻牛角尖的毛病。我并没有随遇而安，甘心于过那种"不管将来如何，姑且加入大学社团，愉快地享受大学生活"的日子，而是把自己看成是悲剧中的主角，为了探究自己将来的路在何方，我踏上了"浪迹天涯"的旅程。

如上所述，我在学生时代曾经"翘掉"足球部的训练，一个人茫然地往高尾山上走。如今回想起来，在我踏上社会后，在公司里也曾经干过一次类似的事。当时大家正在开会，而我怎么都无法接受上司的决定，于是突然就不管不顾地从会议室里飞奔而出。

作为一个附属于组织中的人，这种行为无论如何都是不被允许的。我当时在跑出会议室后，一个人茫然地转悠到了游客众多的迪士尼乐园内。

我慢慢地走了30分钟左右，在园内逛了一圈。在此过程中，我看到了许多游客的欢乐神情，再次感受到了迪士尼乐园的美好，认识到了自己能在这里工作是多么的幸运。在会议室讨论工作时，往往会在不知不觉中忘记这个基本的道理。但每当走在园内，便能看到这些熙熙攘攘的游客和为了游客而努力工作的基层员工。在会议室讨论问题，其本质也应该是为了这些游客。当我领悟到这点时，泪水不禁夺眶而出。我真是个爱哭的男人。

　　与学生时代独自走在高尾山上所不同的是，当时作为企业员工的我，已经有了属于自己的容身之处。这处处洋溢着游客欢笑的迪士尼乐园，正是能够接纳我的地方。并且，只要我回到这个原点，便能发现自己应该做什么。

Part 3

尽你所能

如果我能精明一点，而不是像这样钻牛角尖的话，或许在做事时能够更为顺利地达到目的。不过我就是我，有些事情是学不会的。

如果要问我取得了什么成就，现在我还无法回答。但我打算今后也像这样继续钻我的牛角尖。在这里用"钻牛角尖"这个词似乎给人感觉有点"缺心眼儿"，那就称其为"热忱"吧。只要有一份热忱在，那么就会立刻鼓足勇气。

我辞去在 Oriental Land 公司的工作后，为了建立"招待疑难病症患儿及其家人去迪士尼乐园游玩"的团体，真的是陷入了不得不东奔西走的处境。

在辞去工作后，首先让我明白的一个道理是：没有迪士尼的名片，就没人把我当回事了。在我脱离组织，以个人身份行事时，不管是向银行要求融资，还是向企业寻求援助，都变得异常艰难。其中的道理其实很简单——别人信任的是我所属的公司，而非我这个个体。

于是我意识到，仅凭我自己一个人的"真心实意"是无法使该慈善活动顺利开展的。我需要有人赞同我的活动理念并为之出力。这样的话，不但在迷惘的时候能找人商量，还能向更多的人宣传该活动。

于是我看遍了疑难病症及临终关怀医疗的相关书籍，知道了有一位名叫日野原重明的有识之士。日野原先生是圣路加国际医院的名誉理事长，如今已经 101 岁高龄。他对有关日本疑难病症患者的问题亦有所研究。

日野原先生经常说："所谓生命，是指你所能支配的时间。"这句话让我深铭肺腑，也激发了我对于"那么，对于剩下时间或许已不多的疑难病症患儿而言，生命又是什么"及"为了这些患儿，我们能做些什么"等问题的思考。

于是，当时的我又开始钻牛角尖了，我一根筋地认为"只有去拜访日野原先生，求他当顾问了，别无他法。"

当时我了解日野原先生的途径无外乎书本和电视，但我通过熟人的关系，总算是找到了能够把我引荐给他的人。

之后我便给日野原先生写信，虽然我之前几乎从未写过信。我把自己想举办的活动，以及我认为该活动在当今日本的必要性等想法写在了 18 张信纸上。为了写这封信，我写写改改地用掉了大概 100 张信纸，且握笔时右手用力过度，非常疼痛。

在我拜托引荐者把信交给日野原先生的几天后，日野原先生的秘书给我来了电话。说是日野原先生愿意和我谈 15 分钟。15 分钟……在如此短的时间内，我要如何才能把我的所有想法都传达到位呢？我思索良久、绞尽脑汁，但还是没有头绪。就这样迎来了与日野原先生会面的日子。

当天，我走进了圣路加医院的理事长办公室，第一次把自己的想法和盘托出，而日野原先生则以慈祥的表情聆听着我的话。

然后，日野原先生对我如此说道。

"我也出一份力吧。孩子们都很喜欢迪士尼乐园的。我是属于医疗行业的人，而你则不同。你只要尽你所能就可以了。"

日野原先生在看了我的信之后，其实就已经立即决定帮助我了。因此在我面对面说出自己的想法之后，他爽快地表示愿意提供协助。

不仅如此，他还对团体的命名做出了提议，这便是如今的"照亮疑难病症患儿及其家庭的梦想"名称的由来。他建议起的这个名字，简单明了，浅显易懂。其实最早的时候，我所构思的组织名称是"Give Kids The World Japan"，而且还去注册登记了。而日野原先生则教导我说："如果想让日本的各界人士提供协助，则要用日语明确地告诉大家：这是怎样的组织，想从事什么活动。"

我对野中郁次郎教授也"如法炮制"地采用了同样的"信件战术"，请求他抽出时间和我见一面。为了让研修人员与疑难病症患儿及其家人进行交流的体验成为有价值的精神财富，我打算在研修计划中引入野中教授的"SECI模式"。我把希望野中教授担任研修计划的监修及顾问的想法，全部地倾注于信件的字里行间。

之后，我在位于一桥大学研究生院的野中教授的研究室里与他进行交谈后，他答应担任研修计划的监修及顾问。后来在研修活动开展时，他曾作为监修，多次亲自前来进行实地指导。

Part 4

钻牛角尖又何妨

如上所述，在与野中教授交谈，并获得他愿意提供协助的承诺后，我走在回去的路上。途中，我坐在公园的长椅上陷入沉思。

当时，资金方面的问题还没有眉目。但我已经获得了日野原先生及野中教授这两位知名的有识之士的协助承诺。

是时候下定决心了。

即便走到这一步，如果要以各种困难为理由而退出的话，还是非常简单的。毕竟组织的运营资金还没有着落，可能会找不到收入来源。

不过，这件事情必须有人去做。而到了这个节骨眼儿上，如果我不去做，那可能真的就没人做了。这正是我的使命所在。

如果我不迈出这一步，那么没能去迪士尼乐园见到米奇而心怀遗憾离开人世的患儿就会不断增加。而他们家人的悲痛亦无法平复。

相反，如果我建立起这个团体，那么就会有越来越多的患儿能在迪士尼乐园和他们的家人展露笑颜，幸福的接力棒能够传给更多的人。

如果我不认定这个道理，那么一切都不会发生。

就这样，我下定决心让"照亮疑难病症患儿及其家庭的梦想"的活动成为现实。

仔细想来，那些与疑难病症作斗争的患儿们，其实有许许多多想做的事情，而去迪士尼乐园见米奇，其实只是这些事情中的一件而已。

而我想做的事情，说穿了其实只是给予这些患儿一个小小的契机，让他们不要放弃自己的梦想，但如果这就是我的人生使命的话，则对我而言，已经足够意义深远了。

首先，我必须迈出这一步。这一步，就算是钻牛角尖又何妨。

我决心拼一把。

当时的我，已到了不惑之年。不过，我真心觉得自己是个幸福的人。

因为我终于找到了自己的人生使命。

至于这"使命"是否是自己钻牛角尖的产物，已经无所谓了。

如今的我，可以挺起胸膛提出自己的主张。正因为钻牛角尖，我才能走到这一步。

CHAPTER 8

没 有 了 名 片 的 我

能 做 什 么 呢 ？

Part 1

被邂逅所搭救

2010 年 3 月,"照亮疑难病症患儿及其家庭的梦想"以一般社团法人的形式成立了(现在已更改为公益社团法人)。该组织创建伊始的资金,仅仅是我自己拼命积攒的 500 万日元而已。

从 Oriental Land 公司离职后,我才体会到公司这个大组织对我而言是多么强大的后盾。之前我之所以能顺利进行各种工作,正是由于所属公司的大名。

在 Oriental Land 公司工作了 20 年的我,不用担心发不出工资,也不用担心公司会倒闭。从某种意义上来说,我是置身于一个幸运而舒服的避风港中。

但在离开这避风港后,我要面对的则是严酷的现实。

当时,与美国的 "Give Kids The World" 组织的合作

计划也花费了不少时间。由于原定计划与现实情况之间的差异，导致合作不得不延后 3 个月。而时间的流逝，也伴随着运营资金的花费。手头的 500 万日元一天天地减少。办公场地的租金、电费、燃气费、员工工资……我都不知道这 500 万日元能否撑过 3 个月。

我当然不能就此放弃。于是辗转各银行寻求融资。之前在 Oriental Land 公司任职时，只要拿出印有"迪士尼乐园"的"金字招牌"的名片，不管对方是谁，几乎都愿意坐下来与我商讨融资事宜。可是现在，不管到哪里，给我的回答都是拒绝。明明是同一个人，但仅凭我个人的身份，是无法获得信任的。

在运营资金即将见底时，与我一同创建该组织的朋友离我而去了。他当时对我说："这样下去我没法生活了。"确实如此，在这样的情况下，对生活抱有不安是理所当然的。我当时也非常担心，知道这样下去会影响到自己家人的生活。

如果情况没有转机，可能慈善活动就会搁浅了。但这是我的使命，若要我放弃，我是一万个不愿意的。而这份钻牛角尖的精神，又一次成了我能坚持到底的原动力。

虽说我这个人爱钻牛角尖，但也并非能做到丝毫不迷惘。应该说，我反而总是会陷入迷惘。当前面提到的那位朋友退出后，我一次次地想：或许他说的话才是对的，我可能只是个笨蛋而已。不过，无论如何，我都不想放弃。

在跑了一个月的银行之后，我逐渐陷入窘境。就在这时，一位比我小十多岁的银行职员"救我于水火之中"。当时，我饱含热忱地对他讲述该慈善活动对于当今日本的必要性。我明白，仅凭"想法"是无法让银行掏钱的。更何况在我的"想法"中，"钻牛角尖"的成分占了很大比例。就算对方误认为我在"忽悠"，那也是没办法的事。当时的我，除了"想法"以外，再也没有能够提供给银行的东西了。

而那位银行职员，却耐心地倾听我的讲述。在我讲完后，他这样对我说：

"你的意思我明白了。我会去说服上司的。"

于是他在银行内四处奔走，最后使得融资款得以审批结算。如果没有那笔融资，就不会有我们如今所开展的活动。我打心底里认为是那位银行职员在危急关头"搭救"了我。之后我才得知，是我当时热忱的言语打动了他，因此他为了我在银行内奋力争取这笔融资款。这让我感受到人间自有真情在。

除了这位银行职员以外，我还得到过其他人的"搭救"。那是发生在该团体筹建期的事，当时的我超负荷工作，身心疲惫。

那时的我，一天的实际工作时间为 20 小时左右。一方面，筹建的准备工作进展缓慢；另一方面，为了生活，我又不得不想办法赚钱。有一天，我和之前公司的同事们偶然相遇。那时的我疲惫不堪，身心憔悴；可他们却酒意正酣，不亦乐乎。虽说我是为了做自己想做的事而主动辞职的，但看到原来的这些同事们过着稳定的"普通"生活，我还是不禁流下了懊恼的眼泪。我当时暗下决心：绝不能认命，不能就这样放弃。

那时候，我每天早上坐在电车上时，总是能看到一对父子。小男孩应该是上幼儿园的年纪，但是双目失明。那位父亲总是替孩子背着书包。当电车渐渐变拥挤时，他就不得不抱着孩子，因此他的西服总是皱巴巴的。

由于正值早高峰，电车上面挤满了人，孩子因此撒娇抱怨也是没办法的。我几乎每天都会看到那对父子，于是有一天，我终于鼓起勇气去和那位父亲搭话了。

"这位父亲，您每天都送孩子去哪儿上学呢？"

于是我得知，他是送自己的孩子去东京都内的保育学校。由于孩子双目失明，没法独自去上学。因此他每天早上都得把孩子送到学校后，自己再去上班。

然后我从自己的口袋里掏出了迪士尼乐园的门票，送给了他。这是我原公司的同事以前给我的。因为我看到为了自己孩子如此操劳的父亲,不禁想为他们做点什么。

而那是我当时唯一能为他们做的事情,结果那位父亲非常高兴。

从那以后,每当我陷入苦闷,近乎颓丧时,就会想起那对父子。当我把门票递给那位父亲时,他脸上洋溢的笑容让我终生难忘。

经营的是 "社会贡献"

　　为了与 "Give Kids The World" 实现合作，我在 2010 年 5 月再次去了大洋彼岸的美国。我确信，这次我已经做好了充分的准备。

　　以长达 5 年的中期计划为中心，我准备了大量的资料并带到美国。而当时在现场听我做简报的人是 "Give Kids The World" 的会长，这位会长竟然是美国汽车协会的 CFO（首席财务官）。

　　我的英语水平非常糟糕，但我的简报资料确实是我努力的结晶。我还找了一位住在美国的朋友帮忙，他那就读于商学院的儿子为我提供了协助。

　　可是在简报完成后，"Give Kids The World" 方面突然要求我补充资料。当时美国之行的预算已经捉襟见肘，而结果还不得不延长逗留时间。于是我一个人连续两天窝在宾馆里准备要补充的资料。我整整两天没合眼,终于完成了对方布置的任务,从而使得合作计划成功敲定。

有志者,事竟成。

如今回想起这一段,我觉得对方可能是在考验我。仔细想来,当时他们突然要求补充的资料,如果真是那么必不可少的话,那么他们在三个月前就应该估计到,完全可以提前告知我。

不过,或许对他们而言,如此考验我,是有重大意义的。毕竟在美国,非营利团体的领导层大多都是毕业于一流大学或商学院,且通过担任经营顾问或自己创业等方式积累了丰富经验的超级商界精英。他们在运营组织、确保资金及运用人脉等方面,发挥着超群的能力。

与之相对,我并没有如此耀眼的学历及工作背景。因此我所能做的,只有凭着满腔热忱完成对方所要求的任务而已。

就这样,我们的活动得以开展起来。通过相关中介的介绍,我们与疑难病症患儿家庭取得联系,以招待患儿一家旅游为目的,企划了名为"Wish Vacation"的活动项目。而为了能让这样的活动持续进行,则必须持续开展以企业等团体为对象的人才研修活动。我们组织方为了"经营"研修这块业务，拜访了各类公司。作为非营利团体的人员，居然要出去跑业务，这可能是非常少见的。

虽然我在之前的工作中积累了大量与人才研修有关的经验，但我从未跑过业务。因此，当时在拓展研修项目这块业务时真的是相当困难，被拒绝是家常便饭。我们所推销的"商品"是没有实体的，况且人才研修还是一个长期投资，无法立即呈现效果。虽然我们对自己的研修项目充满自信，但潜在客户在没有实际体验过的情况下，确实对我们的"商品"难以理解。

我们当时也无法轻松愉快地对潜在客户说"请下次务必来体验一回我们举办的'Wish Vacation'活动"。因为团体建立伊始，资金还非常紧张，所以我们无法频繁地举办"Wish Vacation"活动。

此外，关于我们所举办的研修活动的特殊性质，一些潜在客户也会存在理解上的障碍。因为我们的研修活动与单纯性质的研修活动不同，其中还包含了"社会贡献"的意义。费用以"份"为单位，一份25万日元，正好是招待一户患儿家庭参加"Wish Vacation"的平均费用。我们希望参加我们研修活动的企业不是单纯地以"培养企业人才"为目的，而是能够赞同我们的活动理念，并与疑难病症患儿家庭进行积极的交流。

如果对方无法理解我们这样的主旨，那不管我们如何"推销游说"，也是无法达成合作的。因此我们在跑业务时，采取"速战速决"的方式。世上的商品各种各样，有的商品可能需要你对一个潜在客户反复推销半年，才能做成这笔生意。而我们所推销的研修活动具有"社会贡献"的性质，如果是对"社会贡献"毫无概念的公司，那我们便不需要再在其身上花时间。

我记得曾去过这么一家公司推销。那家公司的三位高层接见了我们，当我们向他们做完简报后，一位高层对我们如此说道。

"我们公司已经在为社会做贡献了，我们不是一直在纳税嘛。纳税就是社会贡献。"

而另两位高层也对这话表示赞同，"没错，没错"地附和。

于是我对他们说"纳税只是企业理所当然的应尽义务吧"，然后便离开了那家公司。

我当时想探讨的并非企业的"义务"问题，而是企业目前能为社会做些什么的问题，可如果企业高层抱着上述态度而缺乏社会贡献意识的话，那就真是"话不投机半句多"了。

我在前面提到过，日本民间还没有形成普遍意义的

"慈善捐献文化"，而日本企业亦是如此。也就是说，企业往往不会考虑"自身应该为了社会做些什么"之类的问题，而是认为"只要多赚钱多交税就行了，至于其他方面的问题，政府会想办法的"。因此不少企业往往会理直气壮地觉得"我已经尽了我的本分，谁都没资格对我有意见"。

对于这种"事不关己高高挂起"的企业态度，我是抱有疑问的。而在企业里工作的员工如果得知自己所属的企业是不关心社会效益的"无责任感"的组织，那想必会挫伤其工作积极性。如果员工对自己的企业不抱有好感，那么又如何能够努力工作呢？

如果换作是精明世故的人，为了能做成这笔业务，可能会即便知道对方是对社会贡献不感兴趣的企业，也仍然数次登门拜访，花费时间和采用"酒桌谈判"等公关手段，以求最终说服对方。但可惜我生来就不是这样的人，这是我绝对做不到的事。在我看来，如果有这个时间，还不如花在会对我们的理念产生共鸣的人身上，这样更加有意义。实际上，一些人在与我们交流后受到触动，进而又为我们介绍更多赞同我们理念的人，这种例子并不少。

Part 3

试着真心诚意地寻求帮助

我们的慈善团体好不容易建立后，在开展了短短一年的活动后，便面临了严峻的形势——2011 年 3 月，东日本发生了大地震。

当时的"Wish Vacation"也好，研修活动也好，都还没有进入顺利运营的正轨。

地震发生时，我们位于东京台场的办事处并未遭受大的影响，只是书架等什物倒下来而已，也没有员工受伤。

但有一户参加过我们的"Wish Vacation"活动的患儿家庭就住在受灾地区，因此我们想方设法与他们取得了联系，结果得知他们的房子被海啸冲走了。

这真是揪心的消息。

在这样的灾难面前，我们能做点什么呢？想了半天还是没有答案。

当时运营资金已经捉襟见肘，根本没有开展新活动的富余。

不仅如此，在地震发生后，我们的团体陷入了非常严峻的状况。

3月11日后，几乎所有的企业都忙于支援受灾的日本东北地区。面对这史无前例的灾害，如果全国不众志成城、统一抗灾的话，是无法战胜所面临的困难的。当时各企业团体支援灾区的活动在如火如荼地展开，这是一件好事。然而，这也让像我们这样的小规模团体受到了直接影响。

当时，每当我们打算去先前有意向对我们提供协助的企业商讨研修事宜时，往往会遭到对方的谢绝："现在我们企业没有精力搞这个。"毕竟发生了如此大的灾难，这也是没办法的。换作是我，或许也会做出同样的谢绝回应。可是，如果研修无法开展下去，那我们的运营将会搁浅。而且，3月份正值许多公司单位的财务决算季度，我们团体也需要付清各种费用及款项。

没有研修活动就没有收入，就无法开展招待患儿家庭的"Wish Vacation"活动。去银行寻求新的融资，结果也遭拒。这样一来，真的是走投无路了。无法还清向别人借的东西，无法实现对别人许下的承诺，我当时真的是被逼到了绝路。为了从这困境中逃脱，我甚至想过自杀……

事实上，自该团体建立以来，我一直在为了筹款而东奔西走。每月有一半的时间在为了疑难病症患儿及其家庭而开展活动。可是，一旦临近各种费用的付款日，我就不得不去想办法凑钱。我当时想，人们常说的"自行车轮上的企业（自行车轮上的企业，是指一种风险极大的负债经营方式，企业或团体把大部分收入，甚至是预计将来会得到的收入都用于再次投资、周转或贷款抵押，因此一旦收入断流，整个资金链就会断裂，从而立即导致债务无法偿还而破产。——译者注）"，就是指这种状况吧。

在这样的状况下，各公司单位集中结款的 3 月末结束，迎来了新财年——4 月份。我决定去向各合作单位登门道歉，做好了磕头下跪的准备。这是我当时能对合作方表示歉意和诚意的唯一方式——即便我们目前无法付清款项，但之后一定会想办法付清的。

结果，各合作方的回答却皆出乎我的意料："知道了。下个月月底之前付清就行了。""真拿你没辙，那么姑且就先打 1 万日元过来吧。"……

我这人真是对社会一无所知。只要你真心诚意地寻求帮助，人们是会向你伸出援手的。之前的我，从没有尝试过像这样对别人真心诚意地说"请帮我一把"。

这次的经验确实给了我自信。后来，我们开展的活动渐渐步入正轨，所有欠款也都还清了。

虽然直到现在，我们的团体仍然面临着资金方面的困难，但我们毕竟从东日本大地震之后的巨大难关中坚持了过来，这对我们而言是一场大胜利，也给了我们很强的信心。

克服了那次困难，重启了研修和"Wish Vacation"活动，能够再次看到大家的笑脸，这真是令人高兴的事。

同年5月，在NHK电视台播放的有关社会福利的节目中，介绍了我们所开展的活动。我们因此获得了各方面的关注，有许多个人及团体向我们咨询。

这真是一件美好的事情。果然很多人还是对我们的活动表示赞同的。

这让我打心底感到欢喜。

之后，活动得以一步一个脚印地顺利开展。研修活动也好，"Wish Vacation"活动也好，在与参加者进行交流互动的过程中，我们组织方不断进行改良，使得活动越办越好。

　　我在迪士尼乐园工作时也曾体会到类似的道理：是客人塑造了我们，是客人锤炼了我们，是客人使我们成长。而在进行慈善活动的过程中，我再一次从别人身上获取了宝贵的精神财富。

CHAPTER 9

平凡人生中的邂逅

Part 1

迪士尼乐园的初次印象

接下来我想叙述一下我的成长过程，如果对各位读者没有什么参考价值，敬请谅解。

我的人生经历并不辉煌，也没有取得什么卓越成就。当然，与社会变革之类伟大的事业也毫不沾边。

不过，如果有人认为"社会贡献"和"慈善活动"之类的事情只有"优秀的精英"才能做，那我可以非常自信地说：这种想法是错的。

因为我就是一个典型的反例，像我这样平凡的人，在许多有识之士的支持下，也通过慈善活动给予了这个社会梦想与勇气。

我生于广岛悬福山市。福山市位于广岛县最东侧，是一个面朝濑户内海的港口城市，其人口规模在广岛县排名第二。著名动画导演宫崎骏执导的动画电影《悬崖上的金鱼公主》的故事舞台据说就是取材自福山市的鞆之浦古镇。

福山市的主要产业为造船及制铁等重工业，而在地源文化上，则似乎更接近于冈山及关西地区。比如，说起广岛的日式煎饼，最有名的是加入荞麦面的"广岛烧"，但在福山市，你却能看到不少普通关西风格的日式煎饼店。

在我孩提时，我的父亲是在福山的日本钢管（即如今的 JFE 钢铁）公司工作的白领。当时父亲真的是一心一意扑在工作上。当时一块块土地作为工业用地被开发，大量劳动力从日本各地涌入。我小时候住在新住宅区，当时周围楼盘兴建，而很多居民都是不讲广岛方言的外来务工者。

要说当时我所崇拜的偶像明星，那非长嶋茂雄莫属。虽然身在广岛，但我周围却不太有"广岛鲤鱼队"（广岛鲤鱼队是一支隶属日本职业棒球中央联盟的棒球队。成立于 1949 年，现更名为"广岛东洋鲤鱼队"。——译者注）的球迷，班里同学几乎都是清一色的"巨人队"（巨人队是一支隶属日本职业棒球中央联盟的棒球强队，成立于 1934 年。——译者注）球迷。而球星长嶋引退的日子，我至今还记忆犹新，那是 1974 年的 10 月 14 日。

球星长嶋宣布引退的日子，正是中日龙队获得联盟冠军，而巨人队没能实现日本职业棒球十连霸的那一天。而引退赛原定在第二天以"双重赛（双重赛，英文为'Double Header'，指两个球队在一天内，在同一球场进行两场比赛。——译者注）"的方式举行，那天是星期天。可由于下雨而导致比赛顺延，结果比赛移到了星期一举行。也就是说，比赛那天正值学校上课。那天不光是男生，连女生都在教室里坐立不安、心猿意马。一到放学，大家都撒腿往家里跑。至于那场比赛的具体情况，我如今已经完全忘记了，但在比赛结束后的仪式上所发生的一幕却依然让我印象深刻，当时我在电视机前"正襟危坐"，而球星长嶋则说出了那句名言："巨人永不灭！"

而在我小学六年级时，父亲被调到了位于东京的公司总部，因此我们一家也突然从广岛搬到了东京都的品川区。当时刚到东京后，有两件事让我感到惊愕，一是校园内的地面居然不是沙土地，而是水泥地；二是在作为广岛原子弹爆炸纪念日的8月6日那天，学校居然不举行全校集会。在广岛，每逢8月6日，全校学生都要集合，等到了当年原子弹的投弹时间——8点15分，警笛便会响起，于是大家都要默哀，以追悼那些死去的人。因此当时对我而言，这是"理所当然"的事情。

我们一家在品川住了一年左右，之后便又搬家了。在我初中的三年间，我们住在大田区；而在我高中的三年间，我们又住到了目黑区的大冈山。总之搬家频繁。在我高中毕业后，父亲终于打算找一处长久稳定的居所，于是在当时属于高速发展的新住宅区的千叶县新浦安买了一间公寓。也就是说，在东京迪士尼乐园刚开园后不久，我们家便搬到了其附近。

不过，当时我对迪士尼乐园并没有什么特别的感情。即便早在学生时代，我就在迪士尼乐园当过临时工，但说实话，那时候我对那里的印象只能说是"没啥感觉"。

前面已经提到过，我在读大学时，因为想了解世界、开阔眼界，所以把一半时间花在当满世界转悠的背包客上，另一半时间则在日本当"打工狂人"，有时候甚至会进行连球星长嶋都会惊叹的"三重赛"——一天打三份工，直到深夜。

而迪士尼乐园的临时工工作，自然也是我当时所"涉猎"的工作之一。可能许多人都知道，迪士尼乐园的工作人员中，9 成是临时工。每到春天，迪士尼乐园便会举行大规模的临时工招聘活动。如今的迪士尼乐园，总计有 2 万多名临时工在工作。

我当时在迪士尼乐园的工作，是在世界市集（世界市集，英文名为"World Bazaar"，是东京迪士尼乐园中的一个主题园区。——译者注）卖气球，就是在园内销售的那种充满氦气的气球。说实话，我觉得这工作不太适合我。

当我背着包、一脸邋遢胡子地在满世界流浪的时候，遭遇过被人拿刀子顶着脖子的情形，那次我被人从兜里抢走了 30 美元。对于身处过这种险境的我而言，迪士尼乐园的同事们态度友善，工作内容舒服自在。或许当时的我觉得这样的环境过于缺乏刺激，于是干了三个月左右便辞职了。

而在大学毕业找工作时，我对于迪士尼乐园的印象则发生了翻天覆地的变化。

当时的我，再一次踏进了迪士尼乐园的大门。

"One Man's Dream"
带来的笑容

当我开始找工作时，正值日本经济泡沫的破灭期。即便如此，当时应届毕业生的就业情况仍然可以用"卖方市场"来形容。当时只要去面试，几乎都会被录用，如此幸运的状况，在如今的毕业生看来简直是天方夜谭。

当时我想从事与百货业有关的工作。学生时代周游世界时，每当在一处看到有趣的商品，心中就会想：如果把这个拿到日本去卖，那该多好。而夜晚巴黎街头淡淡的橙色灯光则让我印象深刻，这是因为当地的街灯灯泡用的都是白炽灯。而当我回国后走在自己所住的街区时，只看到晚上尽是一片白色的荧光灯。这就导致夜景多了一份平淡，少了一份妖娆。当时我就打算以后当一个买手，掌握世界各地大批量的信息和货源，从而改变社会。

　　我面试了各家百货商店，结果发现了一个现象：几乎所有的百货企业都是学阀当道。这在当时或许是普遍现象，而越是有历史的资深百货商店，这样的学阀倾向就越为明显。这样一轮面试下来，有一家新兴的百货商店勾起了我的兴趣。当时正是"DC 品牌风潮"（DC 品牌风潮，即 DC BRAND，DC 为"Designer's"及"Character's"的缩写。其始于 20 世纪 80 年代，当时消费者对于服装的嗜好逐渐个性化。受到设计师品牌和设计师品牌专卖店的启发，一些中小型服装企业策划的 DC BRAND 风行一时，DC BRAND 最大的特征就是对服饰品进行整体策划，即从头到脚都由一个品牌的商品进行统一，其受到追求个性的消费者的追捧。DC BRAND 受到青睐的另一个原因则是其别具匠心的店面设计。80 年代，日本不少百货商店所进行的内部重新改建，也是为了吸引更多 DC BRAND 的入驻。DC BRAND 的人气店具有提高百货商店整体形象的效果。而如今一些闻名世界的日本设计师，如山本耀司和川久保玲等，都是得益于 80 年代的 DC 品牌风潮而开始走红的。——译者注）盛行的时代，而该百货商店以年轻时尚人群为目标的市场战略取得了巨大成功。不仅如此，当时该百货商店就已经开始承接信用卡的相关业务，这在同行业中算是领先的了。

与此同时，我还去了 Oriental Land 公司面试。当时的东京迪士尼乐园还刚运营没几年，像东京迪士尼海洋乐园和伊克斯皮儿莉购物中心这些园区根本连个影儿都没有。不过乐园周边还留有空地，以发展的眼光来看的话，能感觉到该企业的远景是不错的。

而且我下意识地对该企业抱有好感。前面也说过，我学生时代在东京迪士尼乐园打零工的时候，对其印象是"没啥感觉"，但到了毕业找工作时，我总预感在该企业能够从事有趣的工作。

就这样，我拿到了多家企业的录用通知，最终筛选出了两家——那家新兴百货商店和 Oriental Land 公司。按照当时绝大多数人的思维，肯定会选择百货商店。虽然如今的 Oriental Land 公司可谓是知名大企业，且一直在学生就业志愿中排名前列，但在当时，它的前途并不明朗，也并不知名。至于百货商店，则与如今流通行业不景气的状况截然相反，当时百货业可谓欣欣向荣，在百货商店工作等于是捧了"铁饭碗"。

因此，直到正式做出决定之前，我都一直倾向于去百货商店工作。然而，一个契机，让我最终改变了主意。

当时，企业与学校之间还存在着一个"就业协定"——学生在最后一个学年的 8 月 20 日之前不得前往

企业应聘，而企业则必须到了 11 月 1 日才能向学生发录用
通知（虽然当时有这样的就业协定，但由于 20 世纪 60 年
代的日本就业岗位供大于求，导致各企业在招聘员工时不
得不使出浑身解数，因此企业暗地里违反就业协定，提早
与学生达成就业协议的"买青苗"现象可谓比比皆是。就
如作者在文中所说的，按照当时就业协定的规定，学生在
最后一个学年的 8 月中旬后才能去各企业应聘，企业在 10
月才能开始进行选拔考试，而到了 11 月，企业才能向学
生发录用通知。可当时的实际情况是，许多企业在 7 月底
就已经完成招聘工作了。而作者自身亦是如此，就如文中
所述，他在 8 月 20 日之前早就收到了多家企业的录用通
知。——译者注）。但实际上，早在 8 月 20 日之前，企业
便进行了选拔考试。因此，在 8 月 20 日这个"解禁日"，
学生根本不是去企业应聘的，而是去就职的。那天前往哪
家企业，就等于是最终选择了哪家企业。

　　当时的应届毕业生可谓是企业的"香饽饽"，因此企
业会使出浑身解数，不惜违反就业协定来"笼络"学生入
职。其实早在 8 月 18 日，那家百货商店便邀请我去参加了
他们公司的宴会。我和公司里的人们一边觥筹交错，一边
热情交谈。"大住君，我们看好你哦！""请放心，不会让
您失望的！"

可到了第二天，我却突然心生迷惘：我真的应该去百货商店工作吗？

于是在8月19日上午，我一个人去逛了位于东京都内的那家百货商店，其给我的感觉是"原来如此，不错的百货商店"。而在当天下午，我又一个人去了迪士尼乐园。

我先在园内走马观花地逛了一圈，然后去观看在明日乐园举办的表演秀"One Man's Dream"。

在"One Man's Dream"的开场部分，你会看到黑白的米奇化身为彩色米奇的一幕。该表演秀的主题便是再现华特·迪士尼的梦境（华特·迪士尼在生前提及米老鼠这一卡通角色的诞生过程时，曾说米老鼠是自己失意时在去加州的火车上梦到的。——译者注），它描绘了米奇从诞生伊始到如今成为世界巨星的整个过程。虽然这是日本迪士尼乐园的原创节目，但其以故事情节来贯穿整个表演秀的特点也受到了来自美国本土的迪士尼爱好者的高度评价。

当时我是头一次看这个表演秀，觉得确实精彩绝伦。而更让我感到惊讶的，是坐在我前面的一对老夫妇，他们观看表演时所露出的笑容，真是洋溢着幸福与美好。居然能让如此高龄的老人都笑得如此灿烂、如此天真，这实在是了不起。当时我就想：既然要踏入社会工作了，那就应该做像这样的工作。（顺便提一下，"One Man's Dream"在后来的一段时间内曾经停演，但在 2004 年，又以"One Man's Dream Ⅱ"的形式再次登场，直到现在，它依然是迪士尼乐园的人气节目之一。)

最后，我决定去 Oriental Land 公司工作。要不是那时候看到了坐在前面的那对老夫妇的笑容，我可能就去百货商店工作了。这真可谓是人生的机缘巧合。

Part 3

300 人学习会

对于华特·迪士尼的理念，你越是深入了解，就越是感到有趣。这位迪士尼创立者对于企业各方面无微不至的关怀，让我深受感动。

所以，在 Oriental Land 公司工作了一段时间后，我便在公司内建立了研究华特·迪士尼理念的社团。参加的人员有时一起观看与迪士尼电影相关的珍藏影像资料，有时一起学习华特·迪士尼所写的小册子，有时对美国迪士尼乐园的员工指导手册进行彻底研究，有时则相互交流自己在迪士尼乐园的工作体验。

我们会聚在会议室开展讨论，但因为公司规定晚上 9 点会议室要锁门，而当时的 Oriental Land 公司是提供员工宿舍的，因此每当过了 9 点，我们就会"转战"至员工宿舍继续讨论，有时甚至会彻夜长谈。当时我在保洁科工作，每当我向大家分享熊哥教给我的道理时，大家都会兴致勃勃。

讨论的素材可谓取之不尽。因为华特·迪士尼的理念实在是博大精深，学之不尽。而大家借着在迪士尼工作的机会，对迪士尼创立者也产生了兴趣。所以随着学习会的一次次举办，参加者也逐渐增多，不光是临时工，有时 Oriental Land 公司的专务，甚至是调到我们公司的美国迪士尼总部的负责人都会前来参加。规模最大时人数一度达到 300 人左右。

由于规模实在太大，还曾经导致公司人事部的疑惑，他们不知道我们在搞什么。的确，一个学习会能有这么多人参加，是并不多见的。

当时还没有因特网，社团开展活动的消息通知都是写在纸上、塞入信封后，以逐个传阅的方式在公司内传递的。活动的开展频率基本上是每个月两次，有时活动地点会设在居酒屋，大家一边喝酒，一边讨论。

该社团活动大约持续了两年。当我从保洁科被调到公司总部后，便离开了基层。这实际上也意味着我无法再继续组织社团活动了。虽然我把社团负责人的工作移交给了后辈，但后来该社团似乎就逐渐自然消亡了。不过，当时和大家一起进行的讨论，真的让我受益匪浅。

任何一个组织都存在着"262法则"。在一个组织中，只有2成的人起着领导和表率的作用，6成的人则追随着组织的整体意志而行动，最后的2成则是湮没在组织中的后进者。起着领导和表率作用的2成人本身就具备学习能力和热情，因此不太参加这样的社团活动。该社团活动所面向的人群是剩下的8成人。

不过，在与这些人交流后，我发现他们并不是没有干劲的消极分子，其实他们有着自己明确的想法。他们中的许多人其实对工作充满热情，只是不知道如何把这份热情投入到工作中去而已。

具有类似烦恼的各部门员工通过齐聚一堂相互交流，使得该社团成为他们学习工作方式方法的媒介。这些人中的不少都被上司和同事贴上"没有干劲的家伙"的标签，有的甚至被调任无关紧要的闲职，但事实上，他们也许只是被误解了。通过该社团活动，我对他们有了这样的重新认识，这对我而言真是莫大的收获。

　　每个人一定都有自身的能力特长。如果这样的能力特长没能在组织中发挥出来，那错则不在当事者身上，而是"整体环境"的问题。如何能营造让组织中的每个人都能尽其所能的环境，这对我而言亦是一个重大的课题。

CHAPTER 10
一 生 的 纽 带

Part 1

害怕别人问起
自己的"梦想"

"你的使命是什么?"

我从小学时代起，便一直立志成为一名职业足球运动员。

那时的我，每天埋头踢球。刚从小学升入初中时，由于太骄傲自大而被学长叫出去狠揍时；连手都还没牵过的初恋女友对我说"我不懂你的心"而与我分手时，我都丝毫没有对自己的"足球梦"抱有怀疑过。

而当我高考失败，且由于伤病而轻易放弃了足球梦想的时候，我自己都搞不懂自己了。

那时候我最讨厌的字眼便是"梦想"。

我害怕别人问我"你的梦想是什么"。虽然在大学交上了朋友，虽然退出了足球部这样的专业校队组织后，我加入了与足球相关的大学兴趣社团，但我还是没有找到"真正的容身之处"。

正好父亲由于工作调动的关系独自去埃及生活，于是顺便叫我去那边看看。那是我头一次出国旅游，让我感到非常刺激。站在具有五千年历史的金字塔和狮身人面像面前，我感到自身是无比的渺小。

之后我便成了背包客。当时正值日本的泡沫经济时期，不少大学生开着私家车，穿着 DC 品牌服装玩乐享受。而我却对这些不怎么感兴趣，除了打工之外，便是满世界旅行。当时的我想充分利用这一人生中最为闲暇的阶段。

不过话说回来，我在国外只是漫无目的地转悠而已。当时泽木耕太郎的小说《午夜快车》风靡全国（泽木耕太郎，1947 年生于日本东京，横滨国立大学毕业，著名小说家。他的《午夜快车》三部曲为《黄金宫殿》《波斯之风》《海角之岬》，是欧亚大陆游记。——译者注），我也跟风似的全部看完了。但当时的实际情况是：日本人中很少有背包客，连独自出国自由行的日本人也不多见。因此我在旅游时交到的好朋友都是当地的外国人。我和他们一起喝酒，一起游玩。旅游景点自然去过不少，但与其相比，我更感兴趣的是当地居民的生活方式。

让我印象最为深刻的应该是意大利。在意大利南部的一个较为贫穷的地区，一位与我相识的人招待我去他们家做客。他们家中的墙壁上贴着球星马拉多纳的照片。马拉多纳出生于阿根廷，在 1984 年开始效力于意大利南部城市那不勒斯的球队，当时的马拉多纳受到了英雄般的待遇。

那时的我，自以为已经忘记了足球，可结果还是不知不觉地把"足球国度"选作了旅行目的地。

之后我前往了米兰。在到达米兰后，我第一站就去了当地的足球场——可容纳 8 万名观众的圣西罗球场。该球场是两支具有代表性的意大利球队——国际米兰和 AC 米兰的主场，也是全世界球迷心中的"圣地"。

作为 8 万名观众中的一员，我坐在最后排的位置上观看了比赛。虽然如今有像长友佑都这样的日本球员在国际米兰等意大利球队服役，但在当时，日本人在意大利的职业联赛中踢球还是天方夜谭。中田英寿（中田英寿，出生于 1977 年 1 月 22 日。是日本足球历史中屈指可数的王牌球员。在 1998 年世界杯赛上，中田英寿是日本队发挥最稳定的球员，世界杯后，他与意大利的佩鲁贾签定了 4 年的合同，转会费为 230 万英镑。在代表佩鲁贾参加的首场联赛上就打入两球，很快成为球队的绝对主力。——译者注）效力于意大利联赛也是十多年后才发生的事。

而我在那宏伟的球场观看比赛时，却又落下了眼泪。按照原来的梦想，我本应该作为一名球员在那绿茵场上飞奔的，可当时的我却只是 8 万观众中的平凡一员。在这残酷的现实面前，我感到懊悔与无力。

那一天，我下定决心与成为职业足球运动员的梦想就此诀别。

之前的我，在旅途中一直假装没有察觉这份懊悔的心境。而在球场观战的那一刻我醒悟到，之前的自己在现实面前或许一直是浑浑噩噩。

这也可以解释为什么之前我已经游历了不少国家和地区，却仍未找到自己新的梦想，哪怕是一点点与新梦想有关的启示。因为我并没有鼓起勇气去真正面对自己，新的梦想自然无从谈起。

Part 2

"理所当然" 的事才是奇迹

在公司入职后，我仍然在继续"寻找自我"。与其说是"寻找自我"，不如说是"寻找自身的使命"。而从本质上来说，或许只是迟迟不愿正视现实的一种借口而已。

而所谓的现实，便是"自己没有梦想"。

正因为如此，当"Give Kids The World"的创始人亨利·蓝德沃斯先生对我说"希望你能为了疑难病症患儿及其家庭在日本开展类似活动"时，我的心灵才会受到震撼。

在与亨利先生会面后，我便开始钻牛角尖似的认定"自己一定要让疑难病症患儿及其家人展露幸福的笑容"。我不知道这样钻牛角尖是否正确，但在"Wish Vacation"活动中，与各患儿家庭的直接交流给予了我许多精神财富。我真心热爱这个慈善活动，也在心中发誓要把它持续开展下去。

从鹿儿岛的奄美大岛前来参加过活动的患儿一家，曾经送给了我一份让人开心的礼物。在他们参加完"Wish Vacation"活动回家后，过了一段时间，便寄来了这份礼物——在标签上印有他们患病孩子的名字的萨摩烧酒（萨摩烧酒，即以薯为原料酿制而成的烧酒。其最大的产地便是鹿儿岛，鹿儿岛甚至被誉为是"薯烧酒的圣地"。——译者注）。于是我打电话向他们一家道谢，他们在电话里对我说："这是我们自酿的烧酒，一共就只酿了5瓶，其中1瓶希望大住先生能收下。等到我们儿子20岁那年，大家一起开瓶庆祝吧。"

在他们的孩子迎来20岁的那年，想象我与他们一家举杯共饮的场面，到时候，这酒想必格外醇美吧。他们待我如同家人，这真让我感到高兴。

还有一户从屋久岛前来参加活动的患儿家庭，其中的母亲对我说的话，让我至今记忆犹新。

"虽然我们的孩子得了这样的病，但带给我们一家的并非只有痛苦和不幸。因为孩子患病，让我再一次体会到了我们这个家庭的温暖与美好。这是孩子的疾病让我明白的道理。而且，我们一家还因此认识了大住先生等各位工作人员和志愿者。"

有的人认为那些遭受病魔折磨的人是可怜的弱势群体，但事实真的如此吗？与那些不珍惜家人而茫然度日的人相比，他们或许要幸福得多。不，不是"或许"，而是"肯定"。因为能够满怀自信地说出自己所珍视之物，本身就是一件非常幸福的事。

一户从仙台前来参加活动的患儿家庭的母亲曾经这么说过。

"和孩子一起泡澡的时候是最幸福的。浴室是没有电视的，所以一家人一定会注视着对方的眼睛。而且在浴室里也不会吃零食或玩游戏，所以大家都会认真倾听对方的话语。我觉得这就是互相交流的原点。"

她的这番话让我茅塞顿开。之前我一直在大学教学生交流理论，在企业研修活动中宣传交流的重要性，可却完全没有察觉到这个道理。

一般人不太会把"奇迹"这个词说出口。如果一名企业白领说"我会努力创造奇迹"的话，那周围的人反而会觉得不靠谱吧。在工作中，我们总是倾向于设定更为现实的目标。但对疑难病症患儿家庭而言，"奇迹"这个词是经常挂在嘴边的。早上能够醒来便是奇迹；能够迎来今天便是奇迹；一家人无恙便是奇迹；能够活着便是奇迹……

我起初也不太明白"奇迹"这个词的真正含义。不过现在我非常明确：我能像现在这样持续开展慈善活动便是一种奇迹。这么一想，我们平常所认为的"理所当然"或"稀松平常"之物，在社会中真的存在吗？不管是谁，不管在哪个领域，不管是哪个组织，或许根本就不存在所谓"理所当然"或"稀松平常"的概念，一切都是奇迹。

Part 3

正视自身的不足

　　最珍贵的东西往往就在自己眼前，但许多人无法察觉。

　　我在举办研修活动或进行演讲时经常会提到这点，因为人们往往会忽视近在眼前的东西。

　　我认为，一个人能否发现何为自己真正应该珍惜的东西，将会导致其人生很大的不同。

　　那么，要怎么做才能发现呢？虽说其就在眼前，但由于距离太近，反而难以察觉。

　　因此，我认为需要"正视自身的不足"。

　　思考"自己无法做到什么"，也是很有意义的。

　　比如，在面向企业新员工开展研修活动时，我在一开始一定会对他们说："说实话，你们的公司目前对你们并没有抱多大的期望。"因为一名新员工要在企业中发挥"战斗力",是需要更多的时间和历练的。而在当前阶段,公司的前辈们自然比这些新人工作更出色。因此新人们不要去逞强做自己力不能及的事,而应该正视自己目前还"什么都不懂"的现状,在产生疑问时积极提问:"这是什么?""为什么需要这样的业务内容呢?""这么做难道不别扭吗?"……这样一来,就能够吸收各种知识和技能,从而提高工作质量和效率。而且新人所提出的疑问,有时还会对前辈们产生激励或带来启示。

面向企业管理层或经营者的研修活动亦是如此,让这些企业领导或高管正视自身的不足,是非常重要的一环。一名优秀的上司,一定会主动向下属进行"报告·联络·商议"的"沟通三部曲"。企业的管理层并非是无所不能的"神人",如果没有下属提供信息,则无法开展工作。因此不能只指望着下属来汇报沟通,自己则傲慢地后仰在老板椅的靠背上,而自己必须主动去与下属沟通。不要只是高高在上地等待,认为"部下主动来向自己'报告·联络·商议'是理所当然的",而应该自己采取主动,与下属积极交流。

像这样,在做到"正视自身的不足"之后,便会渐渐发现自己"应该做什么"。一般的惯性思维是:把注意力放在自己擅长的领域，认为"这方面我比别人都强，所以这就是我的使命"，但实际上这种想法是很脆弱的。当碰到在相应领域比自己更强的人，或者在打算拓展自身所擅长的领域时发现原来引以为傲的能力完全派不上用场，这时就会陷入深深的挫折感。

与之相反，如果能够明确认识到自身的不足之处，从而思考"该如何努力来弥补这样的不足""该如何向别人寻求相应的帮助"等问题，则自身就会变得坚强。并且在以"有诸多不足之处的我，能够完成的使命是什么呢"的态度思考问题的过程中，能够培养自己"求知若饥，虚心若愚"的品格。

是疑难病症患儿及其家人让我明白了这个道理，因为他们便是能够正视自身不足之处的一群人。正因为有不足之处，才会下决心努力尽自己所能，才会正视自身、活在当下、直面现实，努力发现自己应该珍惜的东西。我从中领悟到了一个人生哲理——珍惜眼前，心无旁骛。

Part 4

以"你很努力"
的告白来送别

随着"照亮疑难病症患儿及其家庭的梦想"活动的持续开展，有一个现实是无法回避的。那就是患儿的"死"。

我们必须直面一切，包括患儿的"死"。

在我们的活动刚开展到第三个年头的时候——2012 年 3 月 20 日，参加过"Wish Vacation"活动的一名患儿离开了人世，这是我们收到的第一个患儿死亡的噩耗。

之前我已经接触了许许多多的患儿家庭，对于这终有一天会发生的事情已有心理准备，但当它实际发生时，我还是受到了巨大的打击，其程度之严重，让我自身都感到惊讶。

那位去世的患儿，是个还在上小学一年级的女孩子。

当我出席葬礼时，看到一只套着黄色罩子的学生用双肩包放置在葬礼现场。这让我想起那个小女孩在参加"Wish Vacation"时充满活力的笑容，不禁让人感叹生命的转瞬即逝。

在小女孩一家参加"Wish Vacation"之前，我便从她的主治医生那里得知了她的病情。但我还是没想到这不幸的一幕真的会发生。

面对这样的悲剧，我就无能为力吗？这让我感到失落。

医学明明在日新月异地发展进步，但像这样幼年夭折的孩子还是存在。正因为如此，像我们这样的团体才更应该持续开展招待患儿家庭去迪士尼乐园游玩的活动。给患儿一家带来欢笑，这便是我们活动的意义所在。

同年6月，传来了第二个患儿死亡的噩耗。那个孩子刚上初中一年级，还有3天就满13周岁了。

而我在祭坛前双手合十时，心中默默对这个孩子如此说道：

"你很努力！你的一生很有意义。你向许许多多的人传达了什么才是生命中应该珍视的东西。虽然时间短暂，但你绝对已经完成了你的人生使命！"

只要该慈善活动继续，我就必然将面对越来越多的患儿的死亡，而我能对他们传达的心念可以化成一句话：

"你很努力！"像"遗憾而沉痛"之类的话，我是说不出口的。因为这等于是把这些与疑难病症作斗争的高尚灵魂视作可怜而软弱的存在。

对这些逝去的疑难病症患儿，我不想以怜悯的心态去看待，而是希望与之产生共鸣。对于丧子家庭，我希望能与他们共同面对痛苦、重新振作，即便不把这份心意付诸言语，也能在默默的支持中给予他们一点温暖。

有的丧子家庭还会对我们进行捐助。他们说："希望通过捐助，能让其他的疑难病症患儿家庭也来参加'Wish Vacation'。"这份心意让我止不住感动的眼泪。这些丧子家庭明明承受着巨大的痛苦，却还惦念着其他同病相怜的家庭。他们还对我说："希望其他疑难病症患儿家庭也能感受到我们一家通过'Wish Vacation'所感受到的欢乐和幸福。"

这让我认识到，"Wish Vacation"的意义并非仅限于招待疑难病症患儿家庭这一行为本身，其真正重要的意义在于把这份爱心以接力棒的形式在一户户患儿家庭中传递下去，从而形成一个以真情为载体的纽带。

因为我们并不孤单。

回想自己之前的人生，或许只是为了找到自己真正使命的过程而已。

　　而如今所从事的慈善活动，其实也是我率性而为的产物。或许一切的一切都只是我钻牛角尖的结果而已。

　　我并不能治愈疑难病症。

　　也无法拯救疑难病症患儿的生命。

　　亦无法对疑难病症患儿家庭的现实生活提供实际性的援助。

　　我所能做到的，只是陪着他们面对一切。

　　如果我能给他们带去哪怕一点点的勇气和幸福，我就会满心欢喜。

　　或许这就是我从事该慈善活动的目的。

　　并且，当有参加过活动的患儿去世，我希望把这些孩子记在心中，永不忘却。

　　这便是我的使命。

　　能够获得这样的使命，让我对自己的人生倍感自豪。

　　因此，在最后，对于看完了这本书的读者，请允许我问一个问题：

"你的使命是什么?"

后记

　　有一个网站，能把人的一生以 24 小时的计算方式表示出来。只要在页面上输入自己的出生年月日和性别，它就会以"24 小时制"进行换算，然后显示出你的人生在当前处于 24 小时中的哪个时段。

　　比如我，最近刚满 47 岁，由于日本男性的平均寿命为 79 岁，因此我的人生以 24 小时制进行换算后，得出的结果是"我的人生已经到了下午 2 点多"。也就是说，我剩下的时间不到一半了。

　　以这样的角度看待人生的话，便会获得一种与之前所不同的感悟。

　　比如，如果以这样的方式计算的话，那疑难病症患儿的人生又是怎样的呢？那个网站是以男女平均寿命为数据基础的，但这对疑难病症患儿而言，往往是不适用的。

　　这样想或许让人感到悲伤，一名 10 岁的疑难病症患儿，他的人生可能已经到了下午 6 点了。

如果在你身边就有这样的孩子，你会怎么做呢？

这体现了一个稀松平常却人人都无法忽视的现实——生命有限。我在接受了肿瘤摘除手术后，才切身体会到了这点。如果没有这样的经历，或许我会一直惯性地过着典型的上班族生活——除了工作就是应酬，喝酒喝到吐，在背地里没完没了地说上司的坏话。但在生过那场大病之后，当别人对我说"明天一起去喝酒吧"，我就会想"真的就一定有明天吗"。

也许有的人讨厌这样的想法，觉得这样的人生态度过于消极。

但其实并非如此。

当我以上述的思维方式重新看待人生后，我甚至觉得或许应该感谢上天让我生了那场病。

为了让此生了无遗憾，我觉得自己必须得做些什么。

不过，不少人可能还是会觉得"做人就应该乐观一点"。

这话没错。如果能一直保持乐观心态，那自然是非常幸福的。

但这个世上，有些人即便想乐观也乐观不起来。对于不得不与病魔斗争一生的人，你能淡定地对他们说"请乐观一点吧"?

并且，如果对于这样的群体视而不见，就能提升自己的幸福感吗？

与其通过尽量无视残酷的现实来营造人生的美好，不如勇敢面对、积极投入。这便是我的选择。

因为这是我唯一能接受的生存之道。

我能够挺起胸膛大声宣布：我的选择是正确的。

因为在投入的过程中，我与许许多多的人建立了纽带，而这样的纽带让我如此幸福。

之前的我对人生感到迷惘，不敢直面现实，一直徘徊在"寻找自我"的路上，可当我学习了华特·迪士尼的思想理念后，终于能够鼓起勇气面对自己，并且最后还找到了自己应该完成的使命。

我之所以能够有如此的转变，是因为我明白了自身的"无力"。

我在这里所说的"无力"，是指"并非自身的力量"。也就是说，以前我总是坚信自己之所以能够做成各种事情，是依靠自身的力量，但后来我意识到事实并非如此。而这样的转变过程，则创造了"全新的自我"。

当一个由我参与筹建和运营的场馆设施不得不关闭时，在场的游客居然向包括我在内的所有工作人员致谢，这让我明白了一个道理：我之所以能够顺利开展工作，并非仅仅依靠自身的力量。

这真可谓是"多么痛的领悟"，让我当时受到了不小的打击。我感觉，通过在公司工作 20 年而取得的所谓成就和自负感，在一瞬间摧枯拉朽般地崩塌了。

不过也因为这件事，我看到了自己应该走的人生道路。

一旦充分认识到了自身的"无力"，就能发现能够发挥自身能力的"唯一的正确道路"。

只要能够正视自身的"无力"，并且予以接受，即便过了 40 岁，你依然能够找到自身的使命。

那么，如果是学生或刚步入社会的毕业生的话，情况又如何呢？对他们而言，自身的"无力"是理所当然的现实。因为没有经验，所以也谈不上会产生"我是靠我自己的力量完成工作的"之类的错觉。

对于这些年轻人，我希望他们发挥"钻牛角尖"的力量。希望他们"一根筋似的拼命努力"。即便在旁人看来滑稽可笑又何妨。这样的努力终有一天会开花结果，并且使自己找到正确的人生道路。

"照亮疑难病症患儿及其家庭的梦想"的活动，如今总算是步入了正轨。

然而说实话，我觉得我们的慈善团体还没有获得站在起跑线上的资格。或者可以说，为了能够让疑难病症患儿及其家人与社会上的人们相互邂逅、交流及建立纽带，需要一个决定性的条件，而这是我们目前所欠缺的。

这个条件，便是"'Wish Vacation'专用的住宿设施"。

如果能够拥有像美国的"Give Kids The World"那样24小时365天开放的住宿设施，就能够建立一个让志愿者、企业及个人与疑难病症患儿家庭进行密切交流的社区型共同体。我们把其称为"Village（村落）构想"。

如果该计划能实现，那么离当初所设定的"营造人们互帮互助的环境"的目标就会更近一步，而这才能算是站在了起跑线上。

想当初，我们的团体在"既无资金又无门路"的背景下开始开展活动，而现在居然想拥有属于团体自身的社区类设施，这让人感觉简直是痴人说梦。

但我是认真的。

为了实现这个梦想，我会竭尽全力。

也为了大家的笑容。

在写这本书的过程中，我回顾了自己之前的人生经历，同时也再次认识到自己应该感谢许许多多的人。

首先要感谢我的父母，真心感谢他们把我带到了这个世界。我切身感受到自己一天比一天更像父亲了。

然后要感谢我的妻子，她坚强而干练，对于有时"我行我素、不谙世事"的我，她总是会教我各种社会常识，可谓是我的老师。我要感谢她。

感谢我的女儿和儿子。你们的爸爸会加油的，看好吧！

谢谢我的叔父和叔母，在该慈善活动开展伊始，你们是最早慷慨解囊的人。

还要感谢许多商界的有识之士。已故的中村亮一先生让我懂得了一个人的灵魂与热情是多么重要。此外还要感谢畠山兼一郎先生、阪口竜也先生、松永巳知子女士、辻有吾先生、川濑纪彦先生及杉浦佳浩先生。

感谢日经 BP 社的竹内靖朗先生以及知名编辑、撰稿人大熊信先生，承蒙你们的关照，本书才能得以顺利出版。

感谢以日野原重明先生、野中郁次郎先生、细谷亮太先生为代表的有识之士，正因为有你们一直以来的支持，"照亮疑难病症患儿及其家庭的梦想"的活动才能得以开展。还要感谢所有志愿者。

而我最应该感谢的，是那些与我们进行交流的疑难病症患儿及其家人，你们教给了我们许许多多的道理，真心谢谢你们。

最后，我衷心希望本书的读者们都能够为自己所珍视的人带去欢笑，从而发现全新的自我及全新的使命。

大住力

摄影

桥本和典　福田真知子　齐藤浩一　池川梢

摄影协助

GARDEN harajuku K-two 青山店

LIM+LIM　Caricature・Japan 浅草总店

"服务的细节" 系列

《卖得好的陈列》：日本"卖场设计
第一人"永岛幸夫
定价：26.00 元

《为何顾客会在店里生气》：家电卖
场销售人员必读
定价：26.00 元

《完全餐饮店》：一本旨在长期适用
的餐饮店经营实务书
定价：32.00 元

《完全商品陈列 115 例》：畅销的陈
列就是将消费心理可视化
定价：30.00 元

《让顾客爱上店铺 1——东急手创
馆》：零售业的非一般热销秘诀
定价：29.00 元

《如何让顾客的不满产生利润》：重
印 25 次之多的服务学经典著作
定价：29.00 元

《新川服务圣经——餐饮店员工必学
的 52 条待客之道》：日本"服务之
神"新川义弘亲授服务论
定价：23.00 元

《让顾客爱上店铺 2——三宅一生》：
日本最著名奢侈品品牌、时尚设计与
商业活动完美平衡的典范
定价：28.00 元

《摸过顾客的脚才能卖对鞋》：你所不知道的服务技巧，鞋子卖场销售的第一本书

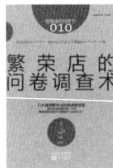

定价：22.00 元

《繁荣店的问卷调查术》：成就服务业旺铺的问卷调查术

定价：26.00 元

《菜鸟餐饮店 30 天繁荣记》：帮助无数经营不善的店铺起死回生的日本餐饮第一顾问

定价：28.00 元

《最勾引顾客的招牌》：成功的招牌是最好的营销，好招牌分分钟替你召顾客！

定价：36.00 元

《会切西红柿，就能做餐饮》：没有比餐饮更好做的卖卖！ 饭店经营的"用户体验学"。

定价：24.00 元

《制造型零售业——7-ELEVEn 的服务升级》：看日本人如何将美国人经营破产的便利店打造为全球连锁便利店 NO. 1！

定价：38.00 元

《店铺防盗》：7大步骤消灭外盗，11种方法杜绝内盗，最强大店铺防盗书！

定价：28.00元

《中小企业自媒体集客术》：教你玩转拉动型销售的7大自媒体集客工具，让顾客主动找上门！

定价：36.00元

《敢挑选顾客的店铺才能赚钱》：日本店铺招牌设计第一人亲授打造各行业旺铺的真实成功案例

定价：32.00元

《餐饮店投诉应对术》：日本23家顶级餐饮集团投诉应对标准手册，迄今为止最全面最权威最专业的餐饮业投诉应对书。

定价：28.00元

《大数据时代的社区小店》：大数据的小店实践先驱者、海尔电器的日本教练传授小店经营的数据之道

定价：28.00元

《线下体验店》：日本"体验式销售法"第一人教你如何赋予O2O最完美的着地！

定价：32.00元

《医患纠纷解决术》：日本医疗服务第一指导书，医院管理层、医疗一线人员必读书！ 医护专业入职必备！
定价：38.00 元

《迪士尼店长心法》：让迪士尼主题乐园里的餐饮店、零售店、酒店的服务成为公认第一的，不是硬件设施，而是店长的思维方式。
定价：28.00 元

《女装经营圣经》：上市一周就登上日本亚马逊畅销榜的女装成功经营学，中文版本终于面世！
定价：36.00 元

《医师接诊艺术》：2 秒速读患者表情，快速建立新赖关系！ 日本国宝级医生日野原重明先生重磅推荐！
定价：36.00 元

《超人气餐饮店促销大全》：图解型最完全实战型促销书，200 个历经检验的餐饮店促销成功案例，全方位深挖能让顾客进店的每一个突破点！
定价：46.80 元

更多本系列精品图书，敬请期待！

图书在版编目（CIP）数据

服务的初心／（日）大住力 著；周征文 译. —北京：东方出版社，2015.5
（服务的细节；26）
ISBN 978-7-5060-8219-8

Ⅰ.①服… Ⅱ.①大… ②周… Ⅲ.①销售服务 Ⅳ.①F719

中国版本图书馆 CIP 数据核字（2015）第 118652 号

ISSHO NO SHIGOTO GA MITSUKARU DISNEY NO OSHIE
written by Riki Osumi.
Copyright © 2012 by Riki Osumi.All rights reserved.
Originally published in Japan by Nikkei Business Publications，Inc.
Simplified Chinese translation rights arranged with Nikkei Business Publications，Inc.
through Beijing Hanhe Culture Communication Co.，Ltd.

本书中文简体字版权由北京汉和文化传播有限公司代理
中文简体字版专有权属东方出版社
著作权合同登记号　图字：01-2014-1943 号

服务的细节 026：服务的初心
（FUWU DE XIJIE 026：FUWU DE CHUXIN）

作　　者：［日］大住力
译　　者：周征文
责任编辑：崔雁行　高琛倩
出　　版：东方出版社
发　　行：人民东方出版传媒有限公司
地　　址：北京市西城区北三环中路 6 号
邮　　编：100120
印　　刷：北京文昌阁彩色印刷有限责任公司
版　　次：2015 年 7 月第 1 版
印　　次：2021 年 1 月第 5 次印刷
开　　本：880 毫米×1230 毫米　1/32
印　　张：8
字　　数：166 千字
书　　号：ISBN 978-7-5060-8219-8
定　　价：39.80 元
发行电话：（010）85924663　85924644　85924641